EL
PLAN
✚DANIEL

Guía de Estudio: Seis Sesiones

POR RICK WARREN

Y EL EQUIPO DE EL PLAN DANIEL

La misión de Editorial Vida es ser la compañía líder en satisfacer las necesidades de las personas con recursos cuyo contenido glorifique al Señor Jesucristo y promueva principios bíblicos.

El Plan Daniel Guía de Estudio
Edición en español publicada por
Editorial Vida - 2014
Miami, Florida

© 2014 por The Daniel Plan

Este título también está disponible en formato electrónico.

Originally published in the U.S.A. under the title:
   The Daniel Plan Study Guide
   Copyright © 2013 by the Daniel Plan
Published by permission of Zondervan, Grand Rapids, Michigan 49530

Solicitud de información puede ser dirigida a:
Zondervan, *Grand Rapids, Michigan 49530*

ISBN 978-0-8297-6389-8

Editora en Jefe: Graciela Lelli
Dirección de arte de la portada: Curt Diepenhorst
Diseño de portada: Dual Identity
Diseño del Libro: Tommy Owen
Fotógrafos que contribuyeron: Ministerio PICS de la Iglesia de Saddleback, Christopher Broek, Dillon Phommasa, Kent Cameron.

Traducción: Angélica Vanegas

IMPRESO EN ESTADOS UNIDOS DE AMÉRICA
PRINTED IN THE UNITED STATES OF AMERICA

14 15 16 17 18 19 20 21 22 /WPW/ 24 23 22 21 20 19 18 17 16 15 14 13 12 11 10 9 8 7 6 5 4 3 2 1

TABLA DE CONTENIDO

PALABRAS DEL PASTOR RICK

Estar saludable es una opción, y siguiendo El Plan Daniel, te moverás hacia el estilo de vida que Dios quiere que vivas. Me agrada que hayas tomado esta decisión porque estar saludable beneficiará cada área de tu vida, incluyendo tu caminar con Dios. La Biblia enseña que el punto de partida para el cambio está en dedicar tu cuerpo a Dios.

"Por lo tanto, hermanos, tomando en cuenta la misericordia de Dios, les ruego que cada uno de ustedes, en adoración espiritual, ofrezca su cuerpo como sacrificio vivo, santo y agradable a Dios." (Romanos 12:1, NVI). Para que un cambio ocurra en cualquier área de tu vida—ya sea financiera, vocacional, educativa, mental, relacional—, en realidad todo funciona mejor empezando con el área física. Dedica tu cuerpo a Dios y todas las otras cosas le seguirán.

Tu salud mejorará gradualmente, pero verás cambios consistentes cuando sigues El Plan Daniel. Lo que quiero que entiendas, y he tenido que aprender esto por mí mismo, es que tú no obtuviste el estado físico en el que estás ahora, de la noche a la mañana. Y tampoco vas a estar en buen estado físico, de la noche a la mañana. Sabemos que hay un proceso en cualquier forma de crecimiento y por eso hemos diseñado El Plan Daniel, para mantenerte involucrado en el proceso, para que veas resultados duraderos a largo plazo. El Plan Daniel es un cambio de estilo de vida, que te hará sentir mejor y con una energía que no habías sentido en años.

Aquí está una garantía para ti: Dios termina lo que comienza. Una de las grandes promesas de la Biblia es Filipenses 1:6 (NTV): "Y estoy seguro de que Dios, quien comenzó la buena obra en ustedes, la continuará hasta que quede completamente terminada el día que Cristo Jesús vuelva." Dios no ha terminado contigo. Él será fiel para completar lo que ha empezado en ti, y Él será fiel para ayudarte a completar lo que empiezas aquí... porque lo que estás haciendo es dedicando tu cuerpo a Dios. A medida que avances con estos pasos, pido a Dios que te bendiga en cada área de tu vida.

Rick Warren

Rick Warren | Pastor de la Iglesia de Saddleback | Fundador del Plan PEACE

USANDO ESTA GUÍA DE ESTUDIO

DESCRIPCIÓN DE CADA SESIÓN

Durante las siguientes seis semanas, te reunirás con amigos en un grupo pequeño para estudiar los Cinco Esenciales de El Plan Daniel: Fe, Alimentación, Ejercicio, Enfoque, y Amistades. Concluiremos con la sesión: Viviendo el Estilo de Vida—una ayuda práctica sobre el mantenimiento de los cambios saludables que has hecho.

Cada sesión en grupo incluirá lo siguiente:

COMPARTIENDO JUNTOS

La base para el crecimiento espiritual es una íntima conexión con Dios y con Su familia. Apóyate en tu grupo pequeño, que son personas que realmente conoces, en quienes puedes confiar y donde se provee un lugar para experimentar la vida que Jesús te invita a vivir. Usa este tiempo para hablar con los otros miembros del grupo, para informar el progreso y las respuestas de oración: cosas que salieron bien durante la semana, pasos positivos que tuvieron, los progresos realizados en el logro de metas. No hay presión para que cada uno responda a todas las preguntas, esta es una oportunidad para "romper el hielo", conocerse mutuamente y animarse unos a otros.

APRENDIENDO JUNTOS/SEGMENTO PARA LA ENSEÑANZA EN VIDEO

Cada lección en la guía de estudio comienza con una lección en video que tiene una introducción, testimonios, un mensaje del Pastor Rick Warren, y una entrevista con un experto en la salud. Durante la enseñanza y los segmentos de entrevistas, los miembros del grupo deben tomar notas en sus guías de estudio, llenando los espacios en blanco y escribiendo cualquier pensamiento o preguntas que vengan a la mente.

CRECIENDO JUNTOS

Aquí es donde el grupo procesará la enseñanza, lo oído y lo visto. El enfoque no será en acumular información, sino en cómo debemos vivir a la luz de la Palabra de Dios. Queremos ayudarte a aplicar los conocimientos de la Escritura de manera práctica, de manera creativa, y desde tu corazón, así como también desde tu cabeza. Discutiendo el contenido de la enseñanza ayudará a los miembros del grupo a entenderlo mejor y comenzar a vivir lo que han aprendido. Al final del día nuestro mayor objetivo, es permitir que las verdades eternas de la Palabra de Dios transformen nuestra vida en Cristo.

MEJOR JUNTOS

Una cosa es saber la verdad y otra es vivirla. Debido a que este estudio se trata de cambiar nuestro estilo de vida, en realidad, llegar a estar más sano; estudiar solamente las ideas no tiene sentido. Tenemos que vivirlas. Ésta parte de la sesión ofrecerá pasos prácticos, cosas que la gente en el grupo puede hacer para poner en práctica lo que han aprendido. Encontrarán bien específicos los "pasos siguientes" en el área de estudio de cada semana, así como consejos de Alimentación, Ejercicio y otras actividades en cada sesión.

Las experiencias más satisfactorias del grupo ocurren cuando los miembros del grupo hacen algo más que sólo un estudio juntos. Cuando se reúnen fuera del ambiente de grupo normal, ya sea para una comida o un entrenamiento, o solo para hablar, el grupo va más allá y sus lazos se hacen más fuertes. Los miembros del grupo se pueden animar a ser específicos sobre lo que van a planear hacer cada semana, cuáles serán sus pasos siguientes y apoyarse los unos a los otros rindiéndose cuentas. Todo esto crea una atmósfera de diversión, motivación y refuerzo positivo.

ORANDO JUNTOS

Tenemos la afirmación de Jesús, que cada aspecto de la vida puede medirse en última instancia, como una manera de cumplir con una o ambas partes, de éste "reconocido" mandamiento: "Jesús contestó: El mandamiento más importante es: "¡Escucha, oh Israel! El Señor nuestro Dios es el único Señor. Amarás al Señor tu Dios con todo tu corazón, con toda tu alma, con toda tu mente y con todas tus fuerzas". El segundo es igualmente importante: "Amarás a tu prójimo como a ti mismo". Ningún otro mandamiento es más importante que éstos." (Marcos 12:29-31, NTV). La sesión del grupo se cerrará con un tiempo de peticiones personales a Dios y oración en grupo, buscando mantener este crucial mandamiento, presente todo el tiempo. En algunas lecciones tendrán que orar en grupos de dos o tres personas y después cerrar con todo el grupo. Una oración escrita está disponible, la cual pueden elegir utilizar o no.

OTROS CONSEJOS

1 Familiarízate con los recursos en el apéndice. Algunos de ellos se utilizarán en las sesiones.

2 Si estás liderando o coliderando un grupo pequeño, la sesión titulada Liderazgo 101, te dará un poco de entrenamiento útil, que te permitirá liderar bien y evitar muchos obstáculos comunes, para un liderazgo eficaz en el grupo pequeño.

3 *La Guía de Estudio de El Plan Daniel* es más efectiva cuando la utilizas junto a la lectura de *El Plan Daniel: 40 Días hacia una Vida Más Saludable*. Hay un plan de lecturas en la parte posterior de esta guía de estudio, que esperamos utilices. También recomendamos que los miembros del grupo accedan a los recursos relacionados: *El Plan Daniel-Diario Personal: 40 Días hacia una Vida Más Saludable*.

4 Esta guía de estudio está diseñada para ser un recurso flexible. Si el grupo responde a la lección de una manera inesperada, pero auténtica, hazlo así. Deja que el Espíritu Santo te guíe. Si piensas que hay una mejor pregunta que la siguiente en la lección, hazla. Usa la orientación que se encuentra en la página de Preguntas Frecuentes y en la sección de Recursos para Grupos Pequeños.

5 Esperamos que mientras estudias, te detengas en las Escrituras incluidas en cada lección. La Fe es la base de El Plan Daniel. Anima a los miembros del grupo a elegir un versículo cada semana y tratar de memorizarlo. También anímalos a leer *El Plan Daniel: 40 Días hacia una Vida Más Saludable, y usar El Plan Daniel-Diario Personal: 40 Días hacia una Vida Más Saludable*, el cual contiene devocionales y más Escrituras que te animarán a lo largo del camino.

6 También recomendamos que rotes la casa anfitriona regularmente y deja que los anfitriones lideren la reunión. Hemos aprendido que los grupos saludables rotan el liderazgo. Esto ayuda a desarrollar en cada miembro, la capacidad de pastorear un grupo pequeño de personas, en un ambiente seguro. Incluso Jesús dio a otros la oportunidad de servir junto a Él (Marcos 6:30–44). Mira las páginas de Preguntas Frecuentes y Liderazgo 101 en el apéndice, para información adicional sobre anfitriones y liderazgo en el grupo.

APROVECHANDO AL MÁXIMO ESTE ESTUDIO

Toma un momento ahora para completar la evaluación de los 5 Esenciales (mira el apéndice). Este es tu punto de partida. Todos tenemos diferentes puntos de partida, entonces no te compares con nadie más. Este es tu viaje único y personal. Al final de este estudio, en el día 40, completarás de nuevo la evaluación y celebrarás a medida que te das cuenta del progreso que has realizado.

Descarga la aplicación de El Plan Daniel en **www.plandaniel. com/plan-daniel-app** y registra tu grupo, para empezar a hacer el seguimiento y para compartir tu progreso. (Disponible en Inglés)

CADA SEMANA

A medida que avanzas a través de este estudio, te recomendamos que leas algunos capítulos de *El Plan Daniel: 40 Días hacia una Vida más Saludable*. Esta semana, lee los capítulos del 1 al 3: Cómo Comenzó Todo, Los Esenciales y la Fe.

fe

NUTRIENDO *tu* ALMA

> "Todo lo puedo
> en Cristo que
> me fortalece."
> Filipenses 4:13 (NVI)

Muchos de nosotros somos disciplinados cuando se trata de costumbres espirituales como leer nuestra Biblia o ir a la Iglesia, pero no tenemos la misma disciplina cuando se trata de cuidar nuestra salud física. Otros son cuidadosos de tener buenos hábitos alimenticios, pero ignoran el cuidado del alma. Pero nuestra salud espiritual y física están íntimamente conectadas—y una puede fortalecer a la otra—. Esta semana, les presentaremos los cinco Esenciales de El Plan Daniel, enfocándonos en la Fe y su impacto en nuestra salud en general.

COMPARTIENDO
JUNTOS

En ésta primera parte de la sesión, todos tendrán la oportunidad de evaluar su punto de partida para el estudio, y elegir un área de la salud, en la que les gustaría enfocarse durante las próximas seis semanas. Cómo se trata de la primera reunión, recorran el salón y asegúrense que saben el nombre de todos los demás.

Antes que comiencen, usen el Directorio del Grupo Pequeño que aparece en el apéndice, para obtener la información de contacto de todos. Pida a alguien que haga un archivo digital con la lista, y la envíe a todo el grupo por correo electrónico durante la semana.

También, necesitarán algunas reglas sencillas que describan los valores y las expectativas para el grupo. Lean las reglas que aparecen en el apéndice y asegúrense que todos entienden y están de acuerdo con estas expectativas.

Usen las preguntas de la página siguiente para empezar a compartir:

1 El Plan Daniel es un viaje hacia una mejor salud en cinco áreas esenciales de la vida. ¿Qué tan saludable te sientes en cada una de estas áreas, en comparación a un año atrás?

	NADA BIEN	EN LOS DÍAS BUENOS	MEJORANDO	BUEN PROGRESO	HACIENDOLO EXCELENTE
Fe	1	2	3	4	5
Alimentación	1	2	3	4	5
Ejercicio	1	2	3	4	5
Enfoque	1	2	3	4	5
Amistades	1	2	3	4	5

2 Elige uno de los cinco Esenciales, donde te gustaría experimentar cambios positivos durante las siguientes seis semanas. ¿Qué, específicamente, estás esperando para esta área de tu vida?

_____

_____

_____

_____

_____

APRENDIENDO
JUNTOS

UN MENSAJE DEL

Pastor Rick

Miren el video de la sesión y usen el siguiente bosquejo para tomar notas. Las respuestas las encuentran en el apéndice.

1 La vida es una batalla, porque todo en el mundo está _____.

> *"Realmente no me entiendo a mí mismo, porque quiero hacer lo que es correcto pero no lo hago. En cambio, hago lo que odio. Pero si yo sé que lo que hago está mal, eso demuestra que estoy de acuerdo con que la ley es buena. Entonces no soy yo el que hace lo que está mal, sino el pecado que vive en mí."*
>
> Romanos 7:15–17 (NTV)

> *"Quiero hacer lo que es correcto, pero no puedo. Quiero hacer lo que es bueno, pero no lo hago. No quiero hacer lo que está mal, pero igual lo hago."*
>
> Romanos 7:18–19 (NTV)

> *"Pero también me sucede otra cosa: hay algo dentro de mí, que lucha contra lo que creo que es bueno. Trato de obedecer la ley de Dios, pero me siento como en una cárcel, donde lo único que puedo hacer es pecar. Sinceramente, deseo obedecer la ley de Dios, pero no puedo dejar de pecar porque mi cuerpo es débil para obedecerla. ¡Pobre de mí! ¿Quién me librará de este cuerpo, que me hace pecar y me separa de Dios? ¡Le doy gracias a Dios, porque sé que Jesucristo me ha librado!"*
>
> Romanos 7:23–25 (TLA)

"Si estás en Cristo no hay condenación para tu vida."
- Pastor Rick -

2 El capítulo 8 de Romanos nos da seis beneficios maravillosos de
_____ con el Espíritu de Dios.

"Por lo tanto, ya no hay ninguna condenación para los que están unidos a Cristo Jesús, pues por medio de él la ley del Espíritu de vida me ha liberado de la ley del pecado y de la muerte."
Romanos 8:1-2 (NVI)

» Todos los cambios comienzan con _____.

» El segundo aspecto que nos ayuda a cambiar es el _____.

"Por lo tanto, permitir que la naturaleza pecaminosa les controle la mente lleva a la muerte. Pero permitir que el Espíritu les controle la mente lleva a la vida y a la paz."
Romanos 8:6 (NTV)

"Pero ustedes no están dominados por su naturaleza pecaminosa. Son controlados por el Espíritu si el Espíritu de Dios vive en ustedes."
Romanos 8:9 (NTV)

"Por lo tanto, amados hermanos, no están obligados a hacer lo que su naturaleza pecaminosa los incita a hacer."
Romanos 8:12 (NTV)

"Recibimos esa esperanza cuando fuimos salvos. (Si uno ya tiene algo, no necesita esperarlo; pero si deseamos algo que todavía no tenemos, debemos esperar con paciencia y confianza). Además, el Espíritu Santo nos ayuda en nuestra debilidad."
Romanos 8:24-26 (NTV)

» Hacemos esto en _____.

"Sabemos que Dios va preparando todo para el bien de los que lo aman, es decir, de los que él ha llamado de acuerdo con su plan."
Romanos 8:28 (TLA)

» Dios preparará todo para _____.

"¿Qué podemos decir acerca de cosas tan maravillosas como éstas? Si Dios está a favor de nosotros, ¿quién podrá ponerse en nuestra contra? Si Dios no se guardó ni a su propio Hijo, sino que lo entregó por todos nosotros, ¿no nos dará también todo lo demás?"
Romanos 8:31-32 (NTV)

» Dios quiere que tengas _____ en tu vida.

"Y estoy convencido de que nada podrá jamás separarnos del amor de Dios. Ni la muerte ni la vida, ni ángeles ni demonios, ni nuestros temores de hoy ni nuestras preocupaciones de mañana. Ni siquiera los poderes del infierno pueden separarnos del amor de Dios. Ningún poder en las alturas ni en las profundidades, de hecho, nada en toda la creación podrá jamás separarnos del amor de Dios, que está revelado en Cristo Jesús nuestro Señor."
Romanos 8:38-39 (NTV)

» El _____ de Dios nunca se detendrá.

UNA ENTREVISTA CON

Jimmy Peña Fundador de Prayfit

3 _____ es la base de El Plan Daniel porque la fe es la base de cada parte de nuestras vidas.

» La fe verdadera nos motiva a hacer la voluntad de Dios.

» La Palabra de Dios nos provee de herramientas importantes para vencer los obstáculos en nuestras vidas.

4 La gracia elimina la carga de estar tratando de _____ un cuerpo que no va a durar, y sin embargo la gracia es la razón para honrar el cuerpo.

» No se trata del espejo, sino de lo que estamos tratando de reflejar.

5 Nuestra salud es acerca del _____.

» Ese es el enfoque de El Plan Daniel: aprovechar la Palabra de Dios, pasar tiempo con ella todos los días y establecer un estilo para una vida abundante.

"Por lo tanto, honren a Dios con su cuerpo."
1 Corintios 6:20b (NTV)

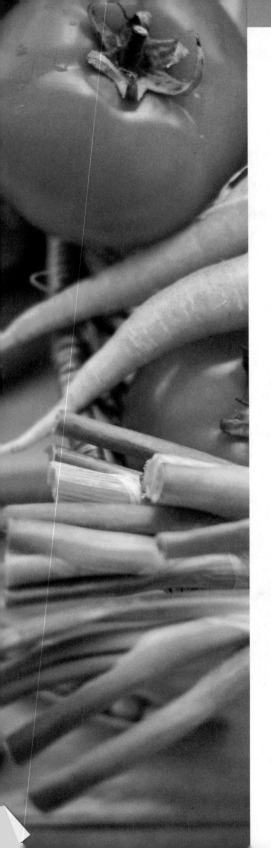

CRECIENDO
JUNTOS

En esta parte de la sesión, hablen sobre la enseñanza del video. Aquí no hay una "respuesta única o correcta." Tan solo es una oportunidad para que cada persona comparta su historia y escuche a los demás.

1 El Pastor Rick habló de la lucha de Pablo contra su naturaleza pecaminosa, la cual él describe honestamente en Romanos 7. ¿Cuáles de los cinco Esenciales (Fe, Comida, Ejercicio, Enfoque, o Amistades) vienen a tu mente cuando lees Romanos 7: sabemos lo que tenemos que hacer, pero no lo hacemos?

_____

_____

_____

_____

_____

_____

2 Muchos de nosotros luchamos con la vergüenza—sintiéndonos condenados o no lo suficientemente buenos—. Si la Biblia dice que no tenemos condenación, ¿Qué significa esto para ti?

_____

_____

_____

3 Jimmy habló sobre el verdadero significado de la gracia, recordándonos que no tenemos que ser perfectos. ¿Has luchado alguna vez con el perfeccionismo? Si es así, ¿Cómo esto ha impactado tu relación personal con Dios y con los demás?

_____

_____

_____

> _"Hijo mío, atiende a mis consejos; escucha atentamente lo que digo._
> _No pierdas de vista mis palabras; guárdalas muy dentro de tu corazón._
> _Ellas dan vida a quienes las hallan; son la salud del cuerpo."_
> Proverbios 4:20–22 (NVI)

En la siguiente parte de esta sesión, llamada: Mejor Juntos, te ofreceremos los pasos prácticos, para explorar lo que has aprendido y aplicarlo a tu vida cotidiana. Esta semana te daremos los pasos siguientes para el Esencial de la Fe de El Plan Daniel, junto con recomendaciones y consejos sobre Alimentación y Ejercicio.

MEJOR
JUNTOS

Seamos prácticos—y pongamos en acción lo que estamos aprendiendo—. Esta semana, estamos hablando acerca de la Fe, así que asegúrate de que estás comprendiendo y compartiendo, lo que estás aprendiendo acerca de las ¡verdades y las promesas de Dios! También tenemos actividades sobre Alimentación y Ejercicio, para que puedas elegir.

Tenemos excelentes recursos para ayudarles en el viaje con El Plan Daniel. Cada miembro del grupo puede visitar www.danielplan.com y configurar GRATIS un perfil de salud de El Plan Daniel, cada uno hará seguimiento de su progreso y también pueden descargar la aplicación de El Plan Daniel con recetas, ejercicios y redes sociales, para que estén conectados con los demás.

Llevar un diario es una gran herramienta para alimentar tu fe. *El Plan Daniel – Diario Personal: 40 Días hacia una Vida Más Saludable*, te ayudará a dar seguimiento a tu progreso e incluye devocionales cortos y alentadores, para motivarte e inspirarte.

FE PASOS SIGUIENTES

☐ Haz pareja con otra persona en el grupo. Esta persona será tu compañero espiritual y estímulo para el estudio; tu nuevo amigo en El Plan Daniel. Hemos aprendido que la gente que hace El Plan Daniel con otra persona o con un grupo, ¡pierde el 50 por ciento más de peso! Comprométanse a rendirse cuentas el uno al otro durante toda la semana. Incluso, un texto corto de aliento es una manera amorosa para hacerle saber a tu amigo que te importa. Ahora cada uno de ustedes responda a esta pregunta: ¿Qué esperas que Dios haga durante las próximas seis semanas de este estudio? Después de compartir, oren brevemente el uno por el otro.

☐ Basado en tu conversación y oración, selecciona uno de los versículos del estudio de esta semana, el cual sería específicamente alentador para tu pareja. Comparte este versículo escribiéndoselo en una tarjeta, o enviándoselo por mensaje de texto. Llámense o envíense mensajes de texto mutuamente, al menos una vez durante la semana y oren el uno por el otro durante la semana.

☐ Escoge un versículo bíblico de cualquier parte de la lección de hoy. Escríbelo y después léelo todos los días. Trata de memorizarlo y compártelo con el grupo en la próxima reunión. Considera aceptar este reto: memorizar un versículo cada semana durante las seis semanas del estudio.

Aquí hay algunos consejos y actividades sugeridos para ayudarte a avanzar en tu viaje hacia la salud. **Marca una o dos casillas** junto a las opciones que te gustaría probar– ¡Elige lo que funciona para ti!– Encontrarás más material útil en el video.

ALIMENTACIÓN PASOS SIGUIENTES

☐ **Consejo de la Semana para la Alimentación:** Una excelente forma de comenzar tu estilo de vida de El Plan Daniel, es limpiando tu despensa. Haz clic en el código QR para ver un video y aprender cómo, o visita www.danielplan. com/videos/clean-your-pantry.

☐ **Receta de la Semana:** Aprende lo fácil que es hacer un batido delicioso para el desayuno. Sólo haz clic en el botón, Receta de la Semana de El Plan Daniel, o escanea el código QR o visita www. danielplan.com/videos/breakfast-smoothie.

☐ **Actividad en Grupo de la Semana:** Miren los videos juntos y luego hagan planes con uno o dos miembros del grupo para limpiar sus despensas. Ayúdense mutuamente a prepararse para comenzar un estilo de vida saludable con El Plan Daniel.

EJERCICIO PASOS SIGUIENTES

☐ **Consejo de la Semana para el Ejercicio:**
El primer paso para alcanzar tus metas de
ejercicio, es creer que puedes cambiar.
Olvida el ayer, no importa cuántos
intentos hayas hecho para cambiar en el
pasado. Hoy es un nuevo día y con la
ayuda y el poder de Dios, tú lo puedes
hacer – ¡un día a la vez!

☐ **Movimiento de la Semana:** Mira el
Video del Movimiento de la Semana
de un minuto de El Plan Daniel (sólo
haz clic en el botón del Movimiento de
la Semana de El Plan Daniel) Atrévete y
pruébalo ahora con el grupo. Usa el código
QR o visita www.danielplan.com/videos/
move-of-the-week.

☐ **Actividad en Grupo de la Semana:** Planea
una salida con otros miembros del grupo y
da un paseo o hagan una caminata juntos.
Si viven cerca uno del otro, caminen en el
vecindario o encuentren un sendero local
que puedan disfrutar.

CADA SEMANA

A medida que avanzas a través de este estudio, te recomendamos que leas algunos
capítulos de *El Plan Daniel: 40 Días hacia una Vida más Saludable*. Esta semana, lee
los capítulos del 1 al 3: Cómo Comenzó Todo, Los Esenciales y la Fe.

ORANDO
JUNTOS

Debido a que nuestros esfuerzos para vivir más saludables, son fortalecidos por la oración, terminemos cada reunión con una oración y animemos a los miembros del grupo a orar por los demás durante la semana. Esta semana, oremos así:

Con todo el grupo, simplemente comparte tu respuesta a la pregunta: "¿Qué esperas que Dios haga en tu vida a través de este estudio?", de esta manera otros puedan conocerte y orar por ti durante la semana.

Si los miembros del grupo se sienten cómodos, tengan un tiempo de oración en el que, cualquier persona que quisiera orar brevemente por alguien más en el grupo, pueda hacerlo. El líder puede cerrar con la siguiente oración:

"Padre, gracias por lo que vas a hacer en nuestras vidas. Gracias de antemano por darnos el deseo de ser más saludables. Queremos estar bien. Confiamos en que viviendo los principios bíblicos de El Plan Daniel, nos vamos a sentir mejor, vamos a tener más energía y si es tu voluntad Señor, vivir una vida más larga y más saludable. Aumenta nuestra fe, para que seamos mejores testigos para tu gloria. Oramos esto en el nombre de Jesús. Amén."

NOTAS

_____

_____

_____

_____

_____

_____

_____

_____

_____

_____

_____

_____

_____

_____

_____

_____

_____

_____

_____

_____

_____

alimentación

DISFRUTANDO LA ABUNDANCIA DE *Dios*

> "En conclusión, ya sea que coman o beban o hagan cualquier otra cosa, háganlo todo para la gloria de Dios."
> 1 Corintios 10:31 (NVI)

Somos bendecidos por tener una asombrosa variedad de alimentos ricos en nutrientes, disponibles para nosotros. Dios diseñó comida completa para nutrir y alimentar nuestro cuerpo. Aunque tenemos muchas opciones, comer bien no es tan complicado como parece. Eligiendo verdadera comida y evitando alimentos procesados y refinados, empezaremos a experimentar la sanidad que la buena nutrición nos provee.

COMPARTIENDO
JUNTOS

1 Cuando eras niño, ¿cuál era tu comida favorita? ¿Qué recuerdos asocias con esa comida o con la comida en general?

_____

_____

_____

2 Cuando escuchas la frase "comida casera" ¿Qué viene a tu mente?, ¿De qué se trata la comida casera?

_____

_____

_____

APRENDIENDO
JUNTOS

Pastor Rick

Miren el video de la sesión y usen el siguiente bosquejo para tomar notas. Las respuestas las encuentran en el apéndice.

1 Casi 7 de cada 10 estadounidenses tienen _____.

» 80 millones de personas en América son diabéticos o prediabéticos.

» La obesidad mata tanta gente alrededor del mundo como la desnutrición.

"«Todo me está permitido», pero no todo es para mi bien. «Todo me está permitido», pero no dejaré que nada me domine."
1 Corintios 6:12 (NVI)

"«Los alimentos son para el estómago y el estómago para los alimentos»; así es, y Dios los destruirá a ambos."
1 Corintios 6:13a (NVI)

2 Tu _____ es el templo del Espíritu Santo.

» Tu cuerpo es un regalo de Dios.

"¿Acaso no saben que su cuerpo es templo del Espíritu Santo, quien está en ustedes y al que han recibido de parte de Dios? Ustedes no son sus propios dueños; fueron comprados por un precio. Por tanto, honren con su cuerpo a Dios."
1 Corintios 6:19-20 (NVI)

3 Dios dice que tú tienes que ser el _____ de tu cuerpo.

"Es inútil que te esfuerces tanto, desde la mañana temprano hasta tarde en la noche... porque Dios da descanso a sus amados."
Salmos 127:2 (NTV)

"No se emborrachen con vino, porque eso les arruinará la vida."
Efesios 5:18 (NTV)

"Así que, sea que coman o beban o cualquier otra cosa que hagan, háganlo todo para la gloria de Dios."
1 Corintios 10:31 (NTV)

"Que tu comida sea tu medicina, y que la medicina sea tu comida."
- Hipócrates -

UNA ENTREVISTA CON
el Doctor Mark Hyman

 4 La comida no es solo calorías y _____; ahora tiene _____.

» La comida le dice a tu cuerpo qué hacer, le dice que esté enfermo o que esté saludable.

» La regla general es: Si Dios lo hizo, es bueno para ti. Si el hombre lo procesó, no es bueno para ti.

» Entre más corta sea la distancia entre el viaje desde el campo hasta tu tenedor, mejor serán para ti.

5 Si no deseas hacer ningún cambio con la Alimentación durante El Plan Daniel, al menos, lee las _____ y evita estas 3 cosas.

» Jarabe de maíz de alta fructosa (HFCS, por sus siglas en inglés)

» Las grasas trans/grasa hidrogenadas

» GMS (glutamato monósodico)

6 En menos de 48 horas, tu _____ puede cambiar completamente.

» Empieza tu día con _____.

» Come a intervalos _____.

» No bebas las calorías _____ del _____.

7 Puedes comer una gran cantidad de comida, si comes comida de _____ .

Estás a tan solo un par de días de sentirte bien. Inténtalo; es increíble la forma en que te puedes sentir.

PATRICK
90

TAMMIE
87
BOB
135
PASTOR RICK
50
MELODEE
30
TABITHA
30
AERO SURF
CHAMPS
HEALTHY
FAMILY –
138 LBS.
BOB
58

CRECIENDO
JUNTOS

En esta parte de la sesión, hablen sobre la enseñanza del video. Aquí no hay una "respuesta única o correcta." Tan solo es una oportunidad para que cada persona comparta su historia y escuche a los demás.

1 En el video, el Pastor Rick describió la mesa del comedor de su familia y el lugar dominante que tenía la comida en su familia, mientras él crecía. ¿De qué manera es tu historia similar o diferente con respecto a él?

_____

_____

_____

_____

_____

_____

_____

2 La Biblia dice que nuestros cuerpos son templos del Espíritu Santo y que nuestro cuerpo es un regalo de Dios. ¿Qué significa esto para ti, a nivel práctico? ¿Qué implicaciones tiene esto con las decisiones que haces?

_____

_____

_____

_____

_____

3 En el video, el Dr. Hyman y Dee hablaron sobre cómo puedes cambiar tu cerebro en 48 horas, basado en lo que comes. De las tres cosas que el Dr. Hyman sugiere, ¿cuál podrías considerar esta semana y por qué?

_____

_____

_____

_____

_____

En la siguiente parte de esta sesión, llamada: Mejor Juntos, te ofreceremos los pasos prácticos, para explorar lo que has aprendido y aplicarlo a tu vida cotidiana. Esta semana te daremos los pasos siguientes para el Esencial de la Alimentación de El Plan Daniel, junto con recomendaciones y consejos sobre Ejercicio.

MEJOR
JUNTOS

Seamos prácticos—y pongamos en acción lo que estamos aprendiendo—. Esta semana, estamos hablando acerca de la Alimentación, así que explora las formas para aplicar lo que estás aprendiendo y ¡ponlo en tu plato! También tenemos consejos y recomendaciones sobre Ejercicio para que puedas elegir.

¿Tienes el libro de *El Plan Daniel: 40 Días hacia una Vida Más Saludable*? En él encontrarás un impresionante capítulo con Planes de Comidas Para 40 Días, es una cosecha de nuevas ideas para inspirarte en la cocina. Visita www.danielplan.com para obtener tu libro hoy.

Aquí hay algunos consejos y actividades que sugerimos para ayudarte a avanzar en tu viaje hacia la salud. **Marca una o dos casillas** junto a las opciones que te gustaría probar— ¡Elige lo que funciona para ti!— Encontrarás más material útil en el video.

ALIMENTACIÓN PASOS SIGUIENTES

☐ **Consejo de la Semana para la Alimentación:** Aprende a amar los alimentos y que ellos te amen a ti. No permitas que tus antojos roben lo mejor de ti. Lee Los 10 Mejores Consejos para Controlar Tus Antojos del Dr. Hyman, que se encuentran en el apéndice.

☐ **Receta de la Semana:** Aprende cómo crear una barra de tacos. Tan solo haz clic en el botón: Receta de la Semana de El Plan Daniel o escanea el código QR, o visita www.danielplan.com/videos/taco-bar.

☐ **Actividad en Grupo de la Semana:** Mira el video adicional para aprender cómo crear una barra de tacos. Luego planea una fecha en la que se puedan reunir a disfrutar juntos esta comida saludable, haz que cada miembro traiga un ingrediente; podría ser antes de la próxima reunión habitual.

☐ **Consejo Adicional:** Aprender qué comida poner en tu plato, es un paso importante en tu nuevo estilo de comer. Comienza mirando: El Plato de El Plan Daniel y algunas sugerencias de alimentos, que se encuentran en el apéndice.

Aquí está el Plan de Comidas para 3 Días, para que lo pruebes. Cada plato es sencillo de preparar con ingredientes que puedes encontrar en cualquier tienda. Ten la libertad de intercambiar frutas o vegetales según la temporada o tus gustos. Explora diferentes sazones y hierbas para añadir sabor. Lleva a tu familia y amigos a la cocina para que participen de la creación de las comidas. Cuando sigues el enfoque de El Plan Daniel, ¡cocinar los alimentos se convierte en una alegría! Escanea el código QR o visita www.danielplan.com/recipes/3-day-meal-plan, para todas las demás recetas.

Comida	Día 1	Día 2	Día 3
Desayuno	Batido proteico completo del doctor Hyman	1 t. de copos de avena suaves o cortados a máquina con ½ t. de leche de almendras y ½ t. de fresas y plátanos	Taco de desayuno: 1 huevo revuelto con ¼ de aguacate, tomate rebanado, y albahaca enrollados en una tortilla integral
Refrigerio	Palitos de verdura crudos (apio, zanahoria, pepino y jícama) con 1/3 t. de humus de alcachofas	½ t. de bayas surtidas más 25 almendras tostadas a la canela	Una manzana pequeña más 25 almendras crudas
Almuerzo	½ t. de quinoa con zanahorias y brócoli al vapor, con aliño para ensalada antioxidante	Salmón al grill con marinado cítrico con ensalada de sandía y verdes	Sopa de verduras, lentejas y salchichas de pollo
Merienda	Cóctel de verduras	2 cuch. de garbanzos crujientes con 2 huevos cocidos	Salsa cremosa de zanahoria con verduras al vapor
Cena	Revuelto thai con arroz al coco	Guisado de carne y verduras	Pollo al pesto con nueces del doctor Hyman con frijoles blancos, pimiento picado y vinagre balsámico

EJERCICIO PASOS SIGUIENTES

☐ **Consejo de la Semana para el Ejercicio**: Si no has hecho ejercicio últimamente, la mejor manera para volver fácilmente a un programa de ejercicio habitual, es empezar con pequeños pasos. Establece metas cortas y realistas, para que sea fácil incluir el ejercicio en tu vida cotidiana. Aumentarás tu confianza a medida que logres tus metas paso a paso.

☐ **Movimiento de la Semana**: Mira el video del movimiento de la semana de un minuto de El Plan Daniel (tan solo haz clic en el botón de Movimiento de la Semana de El Plan Daniel). Inténtalo en este momento con el grupo, usa el código QR, o visita www.danielplan.com/videos/move-of-the-week.

☐ **Actividad en Grupo de la Semana**: Planeen esta semana una salida con los miembros de otro grupo para que trabajen juntos. Si disfrutan hacer ejercicio con un grupo más grande, traten de tomar una clase que nunca hayan tomado antes. Compartan la experiencia con los demás.

CADA SEMANA

A medida que avanzas a través de este estudio, te recomendamos que leas algunos capítulos de *El Plan Daniel: 40 Días hacia una Vida más Saludable*. Esta semana, lee los capítulos 4 y 10: Alimentación y Planes de Comidas para 40 Días.

ORANDO
JUNTOS

Debido a que nuestros esfuerzos para vivir más saludables, son fortalecidos por la oración, terminemos cada reunión con una oración y animemos a los miembros del grupo a orar por los demás durante la semana. Esta semana, oremos así:

Formen grupos de dos o tres personas. Permitan que cada persona comparta brevemente un reto que enfrentan, cuando se trata de tomar decisiones saludables acerca de la alimentación—tales como sentirse tentado por la comida chatarra o encontrarse en una urgencia alimenticia—. Dediquen un tiempo para orar los unos por los otros.

Después que todos hayan tenido un tiempo para orar, el líder puede cerrar con esta oración, del mensaje del Pastor Rick:

"Padre, tú creaste nuestro cuerpo. Tú enviaste a Jesús a pagar por nuestro cuerpo y enviaste al Espíritu Santo a vivir en nuestro cuerpo. Ayúdanos a recordar siempre que nuestro cuerpo te pertenece. Gracias por darnos comida para disfrutar y nutrir el cuerpo que nos has dado. Perdónanos por las veces que hemos utilizado mal nuestro cuerpo y abusado de nuestra salud con una dieta poco saludable. A medida que hagamos decisiones más saludables, cambia nuestros gustos, para que nuestros deseos se conviertan en lo que tú quisieras que estos fueran. A medida que continuamos con este viaje de salud, ayúdanos a seguir tu plan de salud para tu gloria. En el nombre de Jesús. Amén."

NOTAS

ejercicio

FORTALECIENDO *tu* CUERPO

> "¿Acaso no saben que su cuerpo es
> templo del Espíritu Santo...?
> Por tanto, honren
> con su cuerpo a Dios."
> 1 Corintios 6:19a, 20b (NVI)

Todos sabemos que el ejercicio es bueno para nosotros: nos hace sentir mejor, nos da más energía y puede incluso ayudarnos a mejorar nuestra calidad de vida. Sabemos que "deberíamos" hacer ejercicio, pero no siempre lo hacemos. Esta semana, vamos a hablar no sólo de los beneficios del ejercicio, sino también de la manera que podemos estar motivados y encontrar la clase de ejercicio que podamos disfrutar.

COMPARTIENDO
JUNTOS

Comiencen compartiendo y celebrando el progreso. ¿Alguien intentó hacer el ejercicio de la semana o una nueva receta?, ¿Alguien memorizó un versículo o aprendió algo nuevo? Usen estas preguntas para dar inicio a la conversación.

1 Cuando eras niño y jugabas en la calle, ¿Qué hacías? ¿Qué clase de "juegos" eran? (Deportes organizados en equipo, juegos informales con balón, saltar la cuerda, juegos de persecución, montar tu bicicleta.)

_____

_____

_____

2 En el Capítulo 5 de *El Plan Daniel: 40 Días hacia una Vida más Saludable*, se encuentra ésta pregunta de reflexión: "Si pudiera cumplir o lograr cualquier cosa relacionada con mi estado físico y mi salud, sin temor al fracaso, ¿qué cosa sería?" ¿Cómo responderías a esa pregunta?

_____

_____

_____

APRENDIENDO JUNTOS

Pastor Rick

Miren el video de la sesión y usen el siguiente bosquejo para tomar notas. Las respuestas las encuentran en el apéndice.

1 La Biblia nos dice, en preparación de nosotros mismos, tenemos que _____ nuestros corazones y tenemos que _____ nuestros cuerpos.

» Purifico mi corazón entregando mis pensamientos a Dios.

» Santifico mi cuerpo dedicando mi cuerpo físico al propósito de Dios.

"Tú me hiciste; me creaste. Ahora dame la sensatez de seguir tus mandatos."
Salmos 119:73 (NTV)

"Así que, hermanos, yo les ruego, por las misericordias de Dios, que se presenten ustedes mismos como un sacrificio vivo, santo y agradable a Dios. ¡Así es como se debe adorar a Dios!"
Romanos 12:1 (RVC)

"Es inútil que te esfuerces tanto, desde la mañana temprano hasta tarde en la noche... porque Dios da descanso a sus amados."
Salmos 127:2 (NTV)

"La razón por la que tú y yo queremos estar saludables, es porque esto nos dará más energía, para hacer las cosas que Dios quiere que hagamos."
- Pastor Rick -

2 Un tercio del ministerio de Jesús fue ayudando a las personas a estar _____ saludables.

» Jesús se preocupa por tu mente y tu cuerpo – ¡tu SALUD en general!

3 La Biblia nos aconseja que _____ nuestro cuerpo.

"¿Acaso no saben que su cuerpo es templo del Espíritu Santo, quien está en ustedes y al que han recibido de parte de Dios? Ustedes no son sus propios dueños; fueron comprados por un precio. Por tanto, honren con su cuerpo a Dios."
1 Corintios 6:19–20 (NVI)

4 Cuando amas a Dios, y amas a los demás, entonces tendrás
_____ para hacer cambios saludables.

» Dios nos ha prometido bendecir nuestras metas, cuando
dedicamos nuestro cuerpo a Él.

» Realmente la mejor manera para que los cambios ocurran, es
empezar con la parte física.

5 Cuidar nuestro cuerpo es un acto de _____.
También es un acto de _____.

» Lo que piensas que posees en realidad es un préstamo.

"Nadie odia su propio cuerpo, sino que lo alimenta y lo cuida tal como
Cristo lo hace por la iglesia."
Efesios 5:29 (NTV)

UNA ENTREVISTA CON

Sean Foy FISIÓLOGO EXPERTO EN EJERCICIO

 El mejor ejercicio es el que realmente vas a _____.

» Movimientos de 15 a 30 segundos en tu escritorio un par de veces al día, puede mejorar notablemente tu salud.

» Sesiones cortas de ejercicio, tres o cuatro veces al día, puede mejorar radicalmente tu condición física.

"Convertirse en Daniel El Fuerte, es el acto de buscar la excelencia para que podamos glorificar a Dios físicamente, emocionalmente y espiritualmente."
- Sean Foy -

7 El movimiento físico afecta la _____.

» Simples ejercicios de respiración profunda y movimientos sencillos de estiramiento, pueden mejorar tu salud de manera drástica.

» Si puedes programar tus actividades antes de que ocurran, esto será muy beneficioso.

» Programa hacer ejercicio y haz un seguimiento de tu progreso. Usa un diario.

» Entre más te muevas, mejor te sentirás. Entre mejor te sientas, mayor es la probabilidad de que hagas más ejercicio. Se trata de un ciclo positivo.

"Pues el templo de Dios es santo, y ustedes son este templo."
1 Corintios 3:17b (NTV)

CRECIENDO
JUNTOS

En esta parte de la sesión, hablen sobre la enseñanza del video. Aquí no hay una "respuesta única o correcta." Tan solo es una oportunidad para que cada persona comparta su historia y escuche a los demás.

1 El Pastor Rick nos dice que normalmente rechazamos, descuidamos, perfeccionamos o protegemos nuestros cuerpos. Comparte sobre como una de estas palabras describe, como trataste tu cuerpo alguna vez. ¿Qué pasó? ¿Cómo impactó tu salud en general?, ¿qué cosa podrías hacer esta semana para "proteger" tu cuerpo?

_____

_____

_____

_____

_____

_____

_____

2 El mejor ejercicio es el que realmente vas a hacer. Comparte sobre algún ejercicio que intentaste hacer en el pasado, o algo que te gustaría considerar en el futuro.

_____

_____

_____

_____

3 Sean, habló sobre conseguir un amigo, con quien hacer ejercicio —¡incluso podría ser tu perro!— ¿Quién es tu compañero de ejercicio? Si no tienes uno, ¿qué pequeño paso podrías dar, para encontrar uno?

_____

_____

_____

_____

En la siguiente parte de esta sesión, llamada: Mejor Juntos, te ofreceremos los pasos prácticos, para explorar lo que has aprendido y aplicarlo a tu vida cotidiana. Esta semana te daremos los pasos siguientes para el Esencial del Ejercicio de El Plan Daniel, junto con recomendaciones y consejos sobre la Alimentación.

MEJOR
JUNTOS

Seamos prácticos—y pongamos en acción lo que estamos aprendiendo—. Esta semana, estamos hablando acerca del Ejercicio, así que asegúrate de hacer planes para tratar al menos una de estas actividades. Podrías establecer la meta de moverte 20 minutos todos los días de esta semana. También tenemos actividades de Alimentación para que puedas elegir.

Aquí hay algunos consejos y actividades sugeridos para ayudarte a avanzar en tu viaje hacia la salud. **Marca una o dos casillas** junto a las opciones que te gustaría probar—¡Elige lo que funciona para ti!—. Encontrarás más material útil en el video.

"El mejor ejercicio para ti es el que vas a hacer y lo haces constantemente."

- Sean Foy -

EJERCICIO PASOS SIGUIENTES

☐ **Consejo de la Semana para el Ejercicio:** Elige ejercicios que tú disfrutes. El mejor ejercicio que te ayuda a ponerte en forma y estar en forma es ¡EL QUE VAS A HACER! Empieza con ejercicios o movimientos que traigan una sonrisa a tu cara. Invita un amigo para que te acompañe.

☐ **Movimiento de la Semana:** Mira el video del movimiento de la semana de un minuto, de El Plan Daniel (tan solo haz clic en el botón de Movimiento de la Semana de El Plan Daniel). Inténtalo en este momento con el grupo, usa el código QR, o visita www.danielplan.com/videos/move-of-the-week.

☐ **Actividad en Grupo de la Semana:** ¿Qué te parecería acelerar tu metabolismo, quemar de 200 a 300 calorías extra por día, y ponerte en forma sin sudar, todo ello de 9 a 5? Visita www.danielplan.com para ver como agregar pequeñas y simples actividades a lo largo del día, que traerán movimiento a tu vida cotidiana.

ALIMENTACIÓN PASOS SIGUIENTES

- ☐ **Consejo de la Semana para la Alimentación:** Una excelente forma de ser exitoso y evitar una emergencia alimenticia es planear con anticipación. Reserva un tiempo para precocinar tu proteína y cortar vegetales para toda la semana. Si no viste el video de la semana pasada del Dr. Hyman, sobre cómo evitar una emergencia alimenticia, escanea el código QR o visita www.danielplan.com/videos/how-to-avoid-a-food-emergency, para ver y aprender.

- ☐ **Receta de la Semana:** ¿Te encanta la pasta? ¡Tenemos buenas noticias para ti! Tenemos pasta en el menú de esta semana. Tan solo haz clic en el botón de la Receta de la Semana de El Plan Daniel o escanea el código QR o visita www.danielplan.com/videos/pasta.

- ☐ **Actividad en Grupo de la Semana:** Haz planes para ir de compras al supermercado con tu compañero del grupo—y ayúdense el uno al otro a tomar decisiones saludables—. Usa la lista de compras que se encuentra en www.danielplan.com, para que te guíe.

CADA SEMANA

A medida que avanzas a través de este estudio, te recomendamos que leas algunos capítulos de *El Plan Daniel: 40 Días hacia una Vida más Saludable*. Esta semana, lee los capítulos 5 y 9: Ejercicio y Daniel el Fuerte: Reto de Ejercicios para 40 Días.

ORANDO
JUNTOS

Debido a que nuestros esfuerzos para vivir más saludables, son fortalecidos por la oración, terminemos cada reunión con una oración y animemos a los miembros del grupo a orar por los demás durante la semana. Esta semana, oremos así:

Formen grupos más pequeños de dos o tres personas. Permitan que cada uno comparta lo que planea hacer esta semana para "proteger" su cuerpo—podría ser protegerlo de la comida chatarra o fortalecerlo inscribiéndose a una clase de ejercicios—. Oren juntos para que cada uno tome ese siguiente paso hacia una mejor salud. Hagan un acuerdo para orar los unos por los otros durante la semana.

Después que han orado en los grupos más pequeños, el líder puede cerrar con esta oración, del mensaje del Pastor Rick:

"Padre, gracias por nuestro cuerpo. Sabemos que nos diste nuestro cuerpo como un préstamo, para que cuidáramos de el, para que podamos servirte mejor. Ayúdanos a honrarte al honrar a nuestro cuerpo. Enséñanos cómo cuidar amorosamente nuestro cuerpo, así como Tú te preocupas tan amorosamente por el cuerpo de Cristo, que es tu Iglesia. Queremos tener una mejor salud ocupándonos de nuestro cuerpo. Sabemos que podemos hacerlo si nos centramos en tu Palabra y en tus caminos. Gracias, Dios, por habernos creado tal y como somos. Amén."

enfoque

RENOVANDO *tu* MENTE

> "No se amolden al
> mundo actual, sino sean
> transformados mediante la
> renovación de su mente."
> Romanos 12:2a (NVI)

Durante las últimas semanas, hemos
empezado hacer algunos cambios en
el área de la Fe, la Alimentación y el
Ejercicio. ¿Cómo podemos mantener
esos cambios?, ¿Cómo logramos hacer
aquello que es realmente importante,
sin distraernos con las cosas urgentes?
Esta semana les mostraremos algunos
pasos específicos, para mejorar
el enfoque, —que es la clave para
mantener los cambios a largo plazo.

COMPARTIENDO
JUNTOS

Comiencen compartiendo y celebrando el progreso. ¿Alguien intentó hacer el ejercicio de la semana o una nueva receta? ¿Alguien memorizó un versículo o aprendió algo nuevo? Usen estas preguntas para dar inicio a la conversación.

1 Una de las claves de El Plan Daniel es recordar que pequeños pasos nos llevan a grandes resultados. Comparte un "pequeño paso" de El Plan Daniel, en el que hayas tenido éxito esta semana: un paso positivo que hiciste o un resultado positivo de alguna decisión que tomaste.

2 En una escala del 1 al 10, siendo 1 totalmente sin estrés, y 10 siendo con tensión crónica, ¿Cuál es el nivel de estrés en tu vida y por qué?

(1) (2) (3) (4) (5) (6) (7) (8) (9) (10)

_____
_____
_____
_____
_____

> "El estrés crónico daña el cerebro. Estrecha el flujo sanguíneo, el cual disminuye la función cerebral general y envejece prematuramente tu cerebro." - Dr. Daniel Amen
> *–El Plan Daniel: 40 Días hacia una Vida Más Saludable, Capítulo 6*

3 Basándote en tu experiencia, ¿Cuánto afecta el estrés a tu capacidad de enfoque?

_____
_____
_____
_____

APRENDIENDO
JUNTOS

Pastor Rick

Miren el video de la sesión y usen el siguiente bosquejo para tomar notas. Las respuestas las encuentran en el apéndice.

"Redimiendo el tiempo, porque los días son malos."
Efesios 5:16 (RVA)

1 Haz un _____.

» Cuando compartes una meta con alguien más, tu oportunidad de lograrla aumenta dramáticamente.

» Aclara lo que más importa, calcula el tiempo y ponlo en tu calendario.

2 Sé implacable con las _____.

» Cualquier cosa que llame tu atención, te atrapa.

» Detente y para de enfocarte en lo que no quieres y empieza a enfocarte en lo que quieres.

"No se amolden al mundo actual, sino sean transformados mediante la renovación de su mente."
Romanos 12:2a (NVI)

"El secreto para una vida efectiva es el enfoque. No trates de hacer cincuenta cosas que te interesan superficialmente. Reflexiona en qué es lo más importante, y haz solo esas cosas—no te preocupes por nada más."
- Rick Warren -

3 El cambio siempre es una _____.

» Si cambias tu cerebro, puedes cambiar tu vida.

» Lo urgente casi nunca es la cosa más importante.

» Las metas enfocan tu energía.

4 Una meta es un sueño con una _____.

» Una meta es específica, medible y con un tiempo límite.

» Las metas a largo plazo impiden que te desanimes con los contratiempos a corto plazo.

"Por eso les digo: dejen que el Espíritu Santo los guíe en la vida. Entonces no se dejarán llevar por los impulsos de la naturaleza pecaminosa."
Gálatas 5:16 (NTV)

"Que nuestro Señor Jesucristo mismo y Dios nuestro Padre, que nos amó y por su gracia nos dió consuelo eterno y una buena esperanza, los anime y les fortalezca el corazón, para que tanto en palabra como en obra hagan todo lo que sea bueno."
2 Tesalonicenses 2:16-17 (NVI)

"Pues Dios es quien produce en ustedes tanto el querer como el hacer para que se cumpla su buena voluntad."
Filipenses 2:13 (NVI)

"Pues Dios no nos ha dado un espíritu de temor y timidez sino de poder, amor y autodisciplina."
2 Timoteo 1:7 (NTV)

"Pido en oración que, de sus gloriosos e inagotables recursos, los fortalezca con poder en el ser interior por medio de su Espíritu."
Efesios 3:16 (NTV)

UNA ENTREVISTA CON
el Doctor Daniel Amen

5   Las emociones dirigen el _____.

> » Tener un sano juicio es un pilar muy importante para la salud en general.

> » Aprovecha todos los cinco Esenciales. Todos impactan tus pensamientos, y tus pensamientos impactan tu salud.

> » Los pensamientos positivos liberan sustancias químicas positivas en tu cerebro. Los pensamientos negativos liberan sustancias químicas negativas.

6 ¡Tus pensamientos a veces mienten! Cada vez que te sientas triste, enojado, nervioso, o fuera de control, escribe tus pensamientos y después pregunta, "¿Es esto _____?"

» Los pensamientos no investigados pueden causar estrés en nuestras vidas.

» Las investigaciones muestran que la oración optimiza la función cerebral.

"En fin, hermanos, piensen en todo lo que es verdadero, noble, correcto, puro, hermoso y admirable. También piensen en lo que tiene alguna virtud, en lo que es digno de reconocimiento. Mantengan su mente ocupada en eso."
Filipenses 4:8 (PDT)

7 A donde lleves tu atención, determina como te _____.

» Enfócate en lo que estás agradecido.

» Convierte los días malos en buena información. En El Plan Daniel, no puedes fracasar, porque cada fracaso es realmente una lección para ayudarte.

CRECIENDO
JUNTOS

En esta parte de la sesión, hablen sobre la enseñanza del video. Aquí no hay una "respuesta única o correcta." Tan solo es una oportunidad para que cada persona comparta su historia y escuche a los demás.

1 En el video de esta semana, el Pastor Rick dijo, "No importa el tipo de cambio que quieras hacer en tu vida—mental, físico, financiero, espiritual, social, o lo que sea—, la clave para cambiar para bien, es encontrar la energía para hacer ese cambio." Comparte sobre alguna vez que hayas hecho un cambio significativo en tu vida. ¿Qué te motivó? (es decir, ¿De dónde sacaste la energía para hacer ese cambio?)

_____

_____

_____

"El deseo y la motivación que necesitamos para cambiar, debe venir principalmente de Dios."
- Pastor Rick -

2 El Pastor Rick nos habló sobre la forma sabia de usar el tiempo. Nos contó la historia sobre su árbol de durazno y como había estado botando algunos "duraznos" pequeños para que las ramas no se cargaran de tantas frutas pequeñas. ¿Cuáles son algunas de las cosas "buenas" en tu vida (frutas pequeñas) que te distraen de hacer las cosas más importantes?

_____

_____

_____

3 Volvamos a darle un repaso a las sugerencias para una mejor salud en general, del Pastor Rick y el Dr. Amen, luego escoge una o dos, en las que quieras trabajar esta semana. ¿Cuáles son algunas actitudes o acciones específicas, que puedes adquirir para incrementar tus niveles de energía?

_____

_____

_____

4 El Dr. Amen enfatiza constantemente, la importancia de enfocarte en pensamientos positivos y liberarte de los negativos, porque en donde enfoques tu atención, determina cómo te sientes. ¿Qué circunstancias en tu vida te sumergen en la negatividad? ¿Cuáles son algunas verdades bíblicas que podrían reemplazar los pensamientos negativos?

_____

_____

_____

En la siguiente parte de esta sesión, llamada: Mejor Juntos, te ofreceremos los pasos prácticos, para explorar lo que has aprendido y aplicarlo a tu vida cotidiana. Esta semana te daremos los pasos siguientes para el Esencial del Enfoque de El Plan Daniel, junto con recomendaciones y consejos sobre Alimentación y Ejercicio.

MEJOR
JUNTOS

Seamos prácticos—y pongamos en acción lo que estamos aprendiendo—. Esta semana, estamos hablando acerca del Enfoque, así que tendremos una actividad que mejorará la función y el bienestar emocional de tu cerebro. También tenemos actividades sobre Alimentación y Ejercicio para que puedas elegir.

ENFOQUE PASOS SIGUIENTES

☐ En el siguiente espacio, escribe algo por lo que estés agradecido. Con solo hacer esto, tu cerebro mejorará. Permitan que algunos miembros del grupo compartan lo que escribieron.

_____

_____

☐ Todos los días de esta semana, escribe tres cosas diferentes por las cuales estás agradecido. Observa como este ejercicio impacta tu salud en general, tu nivel de optimismo, tu estado de ánimo en general. Es posible que desees escribir en tu diario notas de lo que observas. Comparte tus conclusiones con el grupo en la próxima reunión.

¿Necesitas donde escribir tu gratitud? *El Plan Daniel Diario personal: 40 días hacia una Vida Más Saludable*, está disponible en **www.danielplan.com/resources**

"El acto de escribir tus pensamientos de gratitud, te ayuda a poner tu atención en ellos, optimizando tu cerebro... investigadores han encontrado que las personas que expresan habitualmente su gratitud, son más saludables, más optimistas, avanzan mejor hacia sus metas, mantienen un mayor sentido del bienestar, y son más útiles a los demás."

- El Plan Daniel

Aquí hay algunos consejos y actividades sugeridos para ayudarte a avanzar en tu viaje hacia la salud. **Marca una o dos casillas** junto a las opciones que te gustaría probar– ¡Elige lo que funciona para ti!– Encontrarás más material útil en el video.

ALIMENTACIÓN PASOS SIGUIENTES

☐ **Consejo de la Semana:** Establece una meta específica y medible para tu plan de comidas de esta semana. Por ejemplo: "Voy a agregar dos porciones más de vegetales a mi plato, cada día de esta semana."

☐ **Receta de la Semana:** Los inspiradores burritos de vegetales de El Plan Daniel son deliciosos y nutritivos. Esta semana aprende lo fácil que es hacer burritos de vegetales para que todos disfruten. Haz clic en el botón de la Receta de la Semana de El Plan Daniel o escanea el código QR, o visita www.danielplan.com/videos/wrap.

☐ **Actividad en Grupo de la Semana:** Mira el video para aprender cómo crear un burrito de vegetales. Anima a todos para que sean creativos, haciendo su versión de un apetitoso burrito y tráiganlo a la próxima reunión. ¡Córtalos en rodajas y compártelos!

EJERCICIO PASOS SIGUIENTES

☐ **Consejo de la Semana:** Planea tu ejercicio antes que la semana comience: Los buenos hábitos de ejercicio suceden porque hacemos que ocurran. Programa citas contigo mismo, escribe en tu calendario el día exacto y la hora en que te vas a comprometer a mover tu cuerpo.

☐ **Movimiento de la Semana:** Mira el video de un minuto, del Movimiento de la Semana de El Plan Daniel, (haz clic en el botón del Movimiento de la Semana de El Plan Daniel). Trata de hacerlo ahora mismo con el grupo, usa el código QR o visita www.danielplan.com/videos/move-of-the-week

☐ **Actividad en Grupo de la Semana:** Incrementa tu progreso encontrando un compañero de ejercicio, con el que trabajes esta semana. Puede ser alguien del grupo, un amigo o un familiar. Recuerda que las personas que hacen El Plan Daniel con otros, pierden el 50 por ciento más de peso.

CADA SEMANA

A medida que avanzas a través de este estudio, te recomendamos que leas algunos capítulos de *El Plan Daniel: 40 Días hacia una Vida más Saludable*. Esta semana, lee el capítulo 6: Enfoque.

ORANDO
JUNTOS

Debido a que nuestros esfuerzos para vivir más saludables, son fortalecidos por la oración, terminemos cada reunión con una oración y animemos a los miembros del grupo a orar por los demás durante la semana. Esta semana, oremos así:

Formen grupos de dos o tres personas. Permite que cada persona comparta brevemente lo que planea hacer esta semana, para limitar las distracciones. Luego oren todos por cada uno, pidiendo a Dios que les de Su poder y Su fortaleza para alcanzar esta meta.

Después que todos hayan tenido un tiempo para orar, el líder puede cerrar con esta oración, del mensaje del Pastor Rick:

"Dios mío, dedicamos nuestro viaje de salud como un acto de adoración. Como dice la Biblia, queremos ofrecer nuestro cuerpo y nuestra mente, como un sacrificio vivo, santo y agradable a ti. Dios mío, queremos ser buenos administradores de nuestros pensamientos y sentimientos. Nos comprometemos a vivir una vida más enfocada y queremos empezar leyendo tú Palabra todos los días, para que nuestra mente sea saciada de tus verdades. No queremos amoldarnos al mundo actual sino amoldarnos a tú Palabra, para que tus promesas puedan convertirse en una realidad en nuestras vidas. Dios mío, te entregamos nuestra mente y nos comprometemos a enfocarnos en ti, ayúdanos a enfocarnos en las cosas que de verdad importan en la vida y no preocuparnos por el resto. Oramos esto en el nombre de Jesús. Amén."

NOTAS

amistades

ANIMÁNDOSE *entre* SÍ

> "Es mejor ser dos que uno,
> porque ambos pueden ayudarse
> mutuamente a lograr el éxito."
> Eclesiastés 4:9 (NTV)

Como aprendimos la semana pasada cuando estudiamos el Enfoque, uno de los más importantes elementos para lograr una mejor salud es mantener el cambio. Pero necesitamos apoyo, porque no podemos hacerlo con nuestra propia fuerza de voluntad. Lo que hace a El Plan Daniel único es "la salsa secreta" de la comunidad. Con la ayuda de las amistades, van a descubrir no solo el apoyo y poder rendir cuentas, sino el gozo de estar en comunidad. Realmente estamos, mejor juntos.

COMPARTIENDO
JUNTOS

Comiencen compartiendo y celebrando el progreso. ¿Alguien intentó hacer el ejercicio de la semana o una nueva receta? ¿Alguien memorizó un versículo o aprendió algo nuevo? Usen estas preguntas para dar inicio a la conversación.

1 Comparte si alguna vez estableciste una meta y un amigo te ayudó a lograrla. ¿Qué pasó? ¿Qué hizo para ayudarte?, ¿Cómo esta experiencia impactó la amistad?

_____

_____

_____

2 ¿Estás de acuerdo o en desacuerdo con la siguiente declaración? Habla acerca de un momento en que hayas experimentado esto en tu vida.

_____

_____

_____

"Cuando estamos cerca y conectados, experimentamos amor y aceptación, siendo apoyados y protegidos, tenemos mayor probabilidad de elegir comportamientos sanos."

- El Plan Daniel -

APRENDIENDO
JUNTOS

Pastor Rick

Miren el video de la sesión y usen el siguiente bosquejo para tomar notas. Las respuestas las encuentran en el apéndice.

1 Dios nos diseñó para _____ entre relaciones personales. Siempre estamos mejor juntos.

» Para seguir adelante con un gran reto, necesitas el poder de Dios y un compañero.

"Más valen dos que uno, porque obtienen más fruto de su esfuerzo. Si caen, el uno levanta al otro. ¡Ay del que cae y no tiene quien lo levante!"
Eclesiastés 4:9–10 (NVI)

"Por lo tanto, esforcémonos por promover todo lo que conduzca a la paz y a la mutua edificación."
Romanos 14:19 (NVI)

2 Se puede resumir toda la vida en dos frases: Ama a _____ con todo tu corazón, y ama a tu _____ como a ti mismo.

» Si quiero mantener un cambio permanente en mi vida, debo llenar mi vida con amor.

» El amor es la fuerza más poderosa en el universo, porque Dios es amor.

"No finjan amar a los demás; ámenlos de verdad... Ámense unos a otros con un afecto genuino y deléitense al honrarse mutuamente."
Romanos 12:9-10 (NTV)

3 Hay cuatro maneras en las que demostramos amor los unos por los otros:

» Debemos _____ los unos a los otros.

» Estar dispuestos a _____ los unos de los otros.

» Debemos ser capaces de _____ unos con otros.

» Necesitamos _____ unos a otros.

"En cambio, hablaremos la verdad con amor y así creceremos en todo sentido hasta parecernos más y más a Cristo."
Efesios 4:15 (NTV)

"Sean bondadosos y compasivos unos con otros, y perdónense mutuamente, así como Dios los perdonó a ustedes en Cristo."
Efesios 4:32 (NVI)

"Nuestros círculos sociales influencian nuestra salud incluso más que nuestro ADN. Si nuestros amigos tienen hábitos saludables, entonces nosotros probablemente los tendremos."
- Dr. Mark Hyman -

UNA ENTREVISTA CON
el Pastor Steve Willis

4 Si nuestros hijos no están siendo todo lo que Dios quiere que ellos sean, si ellos no están logrando lo que podrían lograr, es porque ellos no están comiendo los alimentos adecuados, entonces esto tiene que considerarse un asunto _____.

» Una mala nutrición afecta la capacidad del niño para concentrarse en la escuela y conduce a la muerte temprana o a la discapacidad en los adultos.

» Si la Iglesia puede apoyarse mutuamente en el esfuerzo de ser más saludables, todos encontrarían más tiempo y energía para servir a Dios y a la comunidad.

5 El Plan Daniel ofrece un mensaje _____ de _____.

» Cuando dices la verdad con amor, las personas están más dispuestas a aceptarla.

6 Si quieres hacer cambios en tu vida, especialmente en las áreas de salud y nutrición, comienza a pasar tiempo con personas que ya lo _____ _____.

» La comunidad es la que nos impulsa a hacer los cambios que realmente necesitamos.

» Tenemos más probabilidad de ser influenciados por los amigos con los que pasamos tiempo, que por la genética de nuestros padres.

CRECIENDO
JUNTOS

En esta parte de la sesión, hablen sobre la enseñanza del video. Aquí no hay una "respuesta única o correcta." Tan solo es una oportunidad para que cada persona comparta su historia y escuche a los demás.

1 El Pastor Rick habló sobre cuatro claves para demostrar amor los unos por los otros: escucharnos unos a otros, aprender los unos de los otros, sincerarnos unos con otros y sobrellevarnos unos a otros. ¿Por qué es un reto hacer esto?, ¿Con cuál de estas claves te sientes más amado, cuando las recibes?

_____

_____

_____

_____

_____

_____

2 En el video de esta semana, el Pastor Steve contó una historia de cómo tuvo un profundo resultado, el hecho de mejorar la nutrición y el ejercicio en comunidad. Hablen sobre algunas opciones que podrían trabajar con los amigos, la familia o la comunidad.

_____

_____

_____

_____

3 Comparte si alguna vez has tenido una conversación positiva con alguien acerca de la salud y el ejercicio—o si actualmente estás trabajando con alguien—, para mejorar tu salud. ¿Qué ha sucedido después de esto?

_____

_____

_____

_____

_____

En la siguiente parte de esta sesión, llamada: Mejor Juntos, te ofreceremos los pasos prácticos, para explorar lo que has aprendido y aplicarlo a tu vida cotidiana. Esta semana te daremos los pasos siguientes para el Esencial de la Amistad de El Plan Daniel, junto con recomendaciones y consejos sobre Alimentación y Ejercicio.

MEJOR
JUNTOS

Seamos prácticos—y pongamos en acción lo que estamos aprendiendo—. Esta semana, estamos hablando acerca de las Amistades, así que asegúrate de que estás logrando hacer, ¡cosas juntos! También tenemos actividades sobre Alimentación y Ejercicio para que puedas elegir.

AMISTADES PASOS SIGUIENTES

Las Amistades son "la salsa secreta" de El Plan Daniel. Programa una fecha esta semana, para reunirte con uno o dos amigos—para una caminata, comer saludable, hacer ejercicio o simplemente hablar y orar juntos—. Coméntale al grupo lo que estás planeando hacer, luego, en la próxima reunión comparte lo que pasó.

¿Cómo te ha ayudado este grupo, en tu viaje hacia una mejor salud? Dediquen ahora mismo un momento, para expresar gratitud y aprecio al grupo, por la forma en que han sido apoyados.

Todo el mundo necesita un amigo.

Aquí hay algunos consejos y actividades sugeridos para ayudarte a avanzar en tu viaje hacia la salud. **Marca una o dos casillas** junto a las opciones que te gustaría probar– ¡Elige lo que funciona para ti!– Encontrarás más material útil en el video.

ALIMENTACIÓN PASOS SIGUIENTES

☐ **Consejo de Comida de la Semana:** Aprende a comprar en el perímetro del supermercado. Es donde encontrarás toda la comida saludable. Visita tu plaza de mercado local, para encontrar frutas y vegetales frescos de temporada.

☐ **Receta de la Semana:** ¿Aburrido con tus ensaladas? Esta semana aprenderás como hacer una deliciosa ensalada. Haz clic en el botón de la Receta de la Semana de El Plan Daniel, escanea el código QR o visita www. danielplan.com/videos/great-salad.

☐ **Actividad en Grupo de la Semana:** Mira el video para aprender cómo crear una barra de ensaladas al estilo de El Plan Daniel. Planea un tiempo para reunirte con el grupo y que cada uno traiga un ingrediente diferente para hacer una ensalada increíble, (o mejor todavía, ¡compren juntos!). Disfruten juntos esta comida saludable; tal vez puede ser justo antes de empezar la próxima reunión con el grupo.

EJERCICIO PASOS SIGUIENTES

☐ **Consejo de Ejercicio de la Semana:** Piensa en lo que te motiva a mover tu cuerpo y a vivir bien. ¿Cuál es tu razón más profunda para hacer ejercicio de manera regular? En otras palabras, ¿Cuál es tu por qué? Toma un tiempo esta semana para escribir tu ¿por qué?, hazlo en una tarjeta de 3 X 5 o en tu teléfono inteligente y luego habla de esto la próxima semana con tu grupo.

☐ **Movimiento de la Semana:** Mira el video de un minuto, del Movimiento de la Semana de El Plan Daniel, (haz clic en el botón del Movimiento de la Semana de El Plan Daniel). Trata de hacerlo ahora mismo con tu grupo, usa el código QR o visita www.danielplan.com/videos/move-of-the-week

☐ **Actividad en Grupo de la Semana:** Planeen esta semana una salida con los miembros de otro grupo para que trabajen juntos. Ponlo en tu calendario. ¿Estás buscando nuevas ideas? Ve a la playa o a la piscina (o a un club de recreación), traten de hacer algunos movimientos como, "aeróbicos en el agua"—incluso tan solo caminar con el agua hasta la cintura.

CADA SEMANA

A medida que avanzas a través de este estudio, te recomendamos que leas algunos capítulos de *El Plan Daniel: 40 Días hacia una Vida más Saludable*. Esta semana, lee el capítulo 7: Amistades.

ORANDO
JUNTOS

Debido a que nuestros esfuerzos para vivir más saludables, son fortalecidos por la oración, terminemos cada reunión con una oración y animemos a los miembros del grupo a orar por los demás durante la semana.

Esta semana, mira el ejercicio que hiciste en la sesión: Mejor Juntos–Amistades–Pasos Siguientes, donde expresaste gratitud al grupo por su apoyo. Ahora haz la misma acción de agradecimiento hacia Dios. Agradécele por tus amigos de adentro y afuera del grupo, quienes te apoyan en tu esfuerzo de estar saludable. Permite que los miembros del grupo digan en oración una o dos frases de gratitud por sus amigos. A continuación, el líder puede cerrar con la siguiente oración, del Pastor Rick:

"Dios mío, nuestro deseo es convertirnos en personas saludables, pero más importante que eso, es convertirnos en personas con corazones para ti, que te amemos con todo nuestro corazón, amemos a nuestro prójimo, amemos a todos como a nosotros mismos. Creemos que tú Palabra nos enseña la verdad sobre el amor. Ayúdanos a convertirnos en personas amorosas. Ayúdanos a practicar el amor, escuchando, aprendiendo, sobrellevando, incluso permaneciendo con nuestros amigos cuando todo vaya mal. Ayúdanos a sincerarnos unos a otros con la verdad, pero ayúdanos a hacerlo siempre por amor, no por frustración, no por miedo, no por culpabilidad, ni presión. Ayúdanos a tratarnos con amor los unos a los otros, de la forma que Tú nos tratas. Oramos en el nombre de Jesús. Amén."

NOTAS

viviendo el estilo de vida

CUMPLIENDO *tu* PROPÓSITO

> "Todo el que pertenece a Cristo se ha convertido en una persona nueva. La vida antigua ha pasado, ¡una nueva vida ha comenzado!"
> 2 Corintios 5:17 (NTV)

A veces lo que parece el final de un viaje, es solo el comienzo. Ya tienes todos los Esenciales que necesitas—y aquí es donde tu viaje continúa—. Ejercitando tu Fe en Dios, haciendo pequeños pero significativos cambios, en los hábitos de Alimentación y Ejercicio, renovando tu Enfoque y consiguiendo Amistades con quien puedas rendir cuentas y recibir apoyo, puedes encontrar el poder para cumplir el propósito de Dios para tu vida. Ahora sabes que pequeños cambios conducen a grandes resultados. Ya estás equipado para mantener estos cambios positivos a largo plazo.

COMPARTIENDO
JUNTOS

Comiencen celebrando el progreso. ¿Alguien intentó hacer el ejercicio de la semana o una nueva receta? ¿Memorizaron algún versículo? Usen estas preguntas para dar inicio a la conversación.

1 ¿En cuál de los cinco Esenciales—Fe, Alimentación, Ejercicio, Enfoque o Amistades—, has visto el cambio más grande como resultado de este estudio? Sé específico—¿qué eras "antes" y qué eres "ahora"?

_____

_____

_____

2 En tu viaje hacia una mejor salud en todas las áreas de tu vida, ¿Qué ha significado la frase "trae lo bueno"?

_____

_____

_____

"Si nos enfocamos en traer lo bueno a nosotros y en disfrutar la abundancia que Dios nos ha dado, nuestro cuerpo, mente y espíritu se fortalecerán."

- El Plan Daniel -

APRENDIENDO
JUNTOS

UN MENSAJE DEL

Pastor Rick

Miren el video de la sesión y usen el siguiente bosquejo para tomar notas. Las respuestas las encuentran en el apéndice.

Si quieres lograr las metas que te has propuesto, tienes que hacer de estas estrategias una prioridad en tu vida.

 Debemos eliminar todas las _____.

"Quitémonos todo peso que nos impida correr... Y corramos con perseverancia la carrera que Dios nos ha puesto por delante."
Hebreos 12:1 (NTV)

» La causa número uno que impide a las personas convertirse en lo que Dios quiere que sean, es su pasado.

"Ya no recuerdes el ayer, no pienses más en cosas del pasado."
Isaías 43:18 (DHH)

"...Olvido el pasado y fijo la mirada en lo que tengo por delante, y así avanzo hasta llegar al final de la carrera..."
Filipenses 3:13-14 (NTV)

"Cuando quitas de la vista tu meta, comienzas a ver los obstáculos."
- Rick Warren -

2   Debemos recordar la _____ y la _____.

» Nuestra razón principal para seguir El Plan Daniel es darle la gloria a Dios.

» La recompensa de estar viviendo el estilo de vida de El Plan Daniel, es una mejor salud física, más fortaleza y energía, una mente más ágil, amistades profundas y una fe más firme.

3   Debemos _____ día tras día.

"Por tanto, no nos desanimamos... por dentro nos vamos renovando día tras día."
2 Corintios 4:16 (NVI)

"Cuando mi mente se llenó de dudas,
tu consuelo renovó mi esperanza y mi alegría."
Salmos 94:19 (NTV)

» Dedica un tiempo para comunicarte y estar a solas con Dios todos los días.

» Cuando comiences a dudar de ti mismo, recuerda tres cosas: la bondad de Dios, ayer; la presencia de Dios, hoy y las promesas de Dios para mañana.

4   Debemos _____ al desánimo.

» El Desánimo es un enemigo de tus metas.

"Así que no nos cansemos de hacer el bien. A su debido tiempo, cosecharemos numerosas bendiciones si no nos damos por vencidos."
Gálatas 6:9 (NTV)

5   Por último, debemos _____ en Cristo.

» La fuerza de voluntad NO es suficiente.

"Pues Dios trabaja en ustedes y les da el deseo y el poder para que hagan lo que a él le agrada."
Filipenses 2:13 (NTV)

"Y estoy seguro de que Dios, quien comenzó la buena obra en ustedes, la continuará hasta que quede completamente terminada."
Filipenses 1:6 (NTV)

» No te enfoques en los fracasos. Enfócate en Cristo.

Jimmy Peña Fundador de Prayfit

 El Plan Daniel es sobre _____, no de privación.

» Encuentra cosas saludables que disfrutes hacer y sigue haciéndolas.

» La meta no es privarnos, sino prosperar.

Jesús dijo, "Yo he venido para que tengan vida, y la tengan en abundancia."
Juan 10:10b (NVI)

7 Cuando decidimos dar un _____ , esto hace una gran diferencia en nuestras vidas.

» Continúa descubriendo nuevas comidas y ejercicios, que puedas disfrutar.

» Acciones saludables constantemente, conducen a un cambio de mente y cuerpo.

8 No se trata de perfección, se trata de un _____.

» Este es un proceso lleno de gracia.

"Mi gracia es todo lo que necesitas;
mi poder actúa mejor en la debilidad."
2 Corintios 12:9a (NTV)

"No te preocupes si cometes errores.
Si te sientes fuera de la pista, solo haz un giro."
- El Plan Daniel -

CRECIENDO
JUNTOS

En esta parte de la sesión, hablen de las ideas que han aprendido de la enseñanza del video. Aquí no hay una "respuesta única o correcta." Simplemente son algunas preguntas que te hagan pensar y luego compartir.

1 En el video, el Pastor Rick compartió sobre cinco claves para mantener tu viaje con El Plan Daniel: eliminar todas las distracciones, recordar la razón y la recompensa, renovarnos, resistir al desánimo y confiar en Cristo. ¿Cuál de estas claves fue más significativa? y ¿por qué?

_____

_____

_____

_____

_____

_____

_____

2 El Pastor Rick nos retó a tomar cinco minutos en algún momento de nuestro día, para estar en calma, para renovar nuestro espíritu con unos momentos de tranquilidad. ¿Es este un hábito regular en tu vida?, ¿Qué obstáculos se interponen en tu camino, para hacer esta práctica espiritual de manera regular?

_____

_____

_____

3 Jimmy Peña habló de hábitos sanos que vienen de practicar comportamientos sanos. ¿Cuáles son los "hábitos sanos", que has desarrollado como resultado de este estudio?, ¿Cuál es tu plan para mantener estos hábitos en el futuro?

_____

_____

_____

4 Jimmy y Dee hablaron sobre ganancia de energía y pérdida de energía. Comparte algunas cosas que agregarías para provisionarte, a medida que continúas en tu viaje con El Plan Daniel.

_____

_____

_____

En la siguiente parte de esta sesión, llamada: Mejor Juntos, te ofreceremos los pasos prácticos, para explorar lo que has aprendido y aplicarlo a tu vida cotidiana. En esta última semana te daremos los pasos siguientes de Viviendo el Estilo de Vida, junto con recomendaciones y consejos sobre Alimentación y Ejercicio.

MEJOR
JUNTOS

Seamos prácticos—y pongamos en acción lo que estamos aprendiendo—. Esta semana, estamos hablando acerca de Viviendo el Estilo de Vida, así que éste es el momento cuando todo lo que hemos aprendido, se une a la perfección. También tenemos actividades sobre Alimentación y Ejercicio, para que puedas elegir.

EL PLAN DANIEL PASOS SIGUIENTES

Tomen un tiempo para celebrar lo que han logrado juntos como grupo. ¿Qué cambios duraderos han logrado?, ¿Cuántas libras o centímetros han perdido en grupo?, ¿Cómo, específicamente, han mejorado la salud —cosas como haber bajado la presión alta, reducido o eliminado medicamentos, renovación espiritual, etc.?

_____

_____

¿Cuál es el paso siguiente que necesitas tomar con el fin de fijar la mirada en la carrera que tienes por delante?, ¿Qué necesitas adquirir o rechazar? Quizás el paso siguiente sea liderar tu propio grupo de El Plan Daniel. Visita www.danielplan. com/leadership, para los pasos siguientes.

_____

_____

A pesar que estamos terminando este estudio en el grupo pequeño, el seguir Viviendo el Estilo de Vida de El Plan Daniel, es un proceso permanente. ¿Cómo puede el grupo ayudarte a continuar en tu viaje hacia una mejor salud?

_____

_____

> **"Los fracasos no son retrocesos. Son herramientas para seguir."**
> – Dee Eastman -

CADA SEMANA

Ahora toma un momento para completar la Evaluación de los 5 Esenciales (ver el apéndice). Compara tus resultados con los del día uno. Comparte tus resultados con el grupo y celebra ¡todo lo que has logrado en estos 40 días!

Aquí hay algunos consejos y actividades sugeridos para ayudarte a avanzar en tu viaje hacia la salud. **Marca una o dos casillas** junto a las opciones que te gustaría probar– ¡Elige lo que funciona para ti!– Encontrarás más material útil en el video.

ALIMENTACIÓN PASOS SIGUIENTES

☐ **Consejo de Comida de la Semana:** Algunas veces confundimos la sed con el hambre. Beber mucha agua es vital para la salud en general. Cada día, deberías beber la mitad de tu peso corporal en onzas de agua. Por ejemplo, si pesas 150 libras, el objetivo sería beber diariamente, 75 onzas de agua fresca y filtrada.

☐ **Receta de la Semana:** Cocinar pollo para la cena o tan solo planear con anticipación, te ayudará a mantenerte en el camino a lo largo de la semana. Haz clic en el botón de Receta de la Semana de El Plan Daniel, o escanea el código QR o visita www.danielplan.com/videos/cooking-chicken.

☐ **Actividad en Grupo de la Semana:** Organiza una cena saludable para celebrar el éxito como grupo. Pueden hacer un asado, traten de asar algunos vegetales y frutas, para complementar con la carne que estás cocinando. Para mayor facilidad, que cada uno traiga diferentes clases de sopas y ensaladas.

EJERCICIO PASOS SIGUIENTES

- ☐ **Consejo de Ejercicio de la Semana:** Debes estar consciente de las declaraciones que te producen sentimiento de culpa o vergüenza. Si olvidaste una sesión de ejercicio o estuviste inactivo por un periodo corto de tiempo, ¡no te rindas! Simplemente evalúa tu estilo de vida en el momento, aprende de esto y sigue adelante. Mantener un estilo de vida activo y saludable, requiere paciencia, persistencia y el más importante, el perdón. Enfócate en el progreso, no en la perfección.

- ☐ **Movimiento de la Semana:** Mira el video de un minuto, del Movimiento de la Semana, de El Plan Daniel. (Haz clic en el botón del Movimiento de la Semana de El Plan Daniel). Trata de hacerlo ahora mismo con el grupo, usa el código QR, o visita www.danielplan.com/videos/move-of-the-week.

- ☐ **Actividad en Grupo de la Semana:** Haz planes para correr o caminar juntos 5K. Haz que una o dos personas investiguen sobre opciones, para competir en una carrera local. Desde ahora hasta el día de la carrera, reúnanse con los miembros de otro grupo para entrenar.

Ya casi terminas la lectura de *El Plan Daniel: 40 Días hacia una Vida Más Saludable*. En esta última semana, lee el Capítulo 8: Viviendo el Estilo de Vida. Si todavía no has creado tu Perfil de Salud GRATUITO de El Plan Daniel, hazlo ahora en www.danielplan.com.

ORANDO
JUNTOS

Debido a que nuestros esfuerzos para vivir más saludables, son fortalecidos por la oración, terminemos cada reunión con una oración y animemos a los miembros del grupo a orar por los demás durante la semana.

Una tradición en algunas Iglesias es un llamado y una respuesta, como esto: El líder dice, "Dios es bueno" y las personas responden, "Todo el tiempo" Después el líder dice, "Todo el tiempo" y las personas responden, "Dios es bueno" Usa esto (siente la libertad de repetirlo varias veces) para abrir el momento de oración con celebración. Después tomen un momento para nombrar de forma específica, cómo Dios ha sido bueno con ustedes durante las últimas seis semanas del viaje con El Plan Daniel. Agradece a Dios por las oraciones que han sido contestadas, por las nuevas amistades que han desarrollado, y por los nuevos comportamientos que se han convertido en hábitos saludables de por vida. Después de tener este momento de alabanza a Dios por Su bondad, el líder puede cerrar con esta oración, del mensaje del Pastor Rick:

"Dios mío, fuimos hechos para tu propósito y tú tienes una carrera única para cada uno de nosotros. Queremos llegar a la línea final. Queremos que nuestra vida cuente, perdónanos por todas esas veces que hemos estado distraídos. Ayúdanos a hacer a un lado las distracciones de la vida. Ayúdanos a resistir al desánimo, ayúdanos a renovarnos diariamente, pasando un tiempo contigo y teniendo un momento de tranquilidad aprendiendo las cosas que recargan nuestras baterías emocionales. Ayúdanos a confiar en tu poder, para hacer las cosas que quieres que hagamos, y lograr lo que tú quieres que logremos. Por encima de todo, Jesús, ayúdanos a recordar lo mucho que tú nos amas, a enfocarnos en ti y a confiar en ti en cada momento de nuestra vida. No solo en nuestra salud física sino en nuestra salud emocional, espiritual, relacional y mental. Confiamos en ti y esperamos que nos ayudes en los días que vienen para llegar a la meta final. En el nombre de Jesús. Amén."

NOTAS

APÉNDICE

RECURSOS DE EL PLAN DANIEL

Evaluación de los 5 Esenciales

El Plato de El Plan Daniel

Los 10 Mejores Consejos para Controlar Tus Antojos

RECURSOS PARA GRUPOS PEQUEÑOS

Reglas Generales para el Grupo Pequeño

Preguntas Frecuentes

Plan de Lecturas para *El Plan Daniel: 40 Días hacia una Vida más Saludable*

Directorio del Grupo

Liderazgo 101

Colaboradores de El Plan Daniel

Reconocimientos

Respuestas Claves

Exención de Responsabilidad

RECURSOS DE EL PLAN DANIEL

EVALUACIÓN DE LOS 5 ESENCIALES

En una escala del 1 al 5, por favor, evalúa tu estado actual para cada uno de Los 5 Esenciales de El Plan Daniel. Te recomendamos que hagas esta evaluación, tanto al comienzo como al final de este programa.

FE	Muy Insatisfecho	Insatisfecho	Neutral	Satisfecho	Muy Satisfecho
Relación con Dios	1	2	3	4	5
Sentimiento de significado y propósito en la vida	1	2	3	4	5
Prácticas espirituales: oración, adoración, meditación	1	2	3	4	5
Crecimiento Espiritual	1	2	3	4	5
Dar a otros	1	2	3	4	5
Suma cada columna y escribe tu puntuación total para la Fe:					

ALIMENTACIÓN	Nunca	Casi Nunca	A veces	La mayoría de las veces	A diario
Como 7 o más raciones de una variedad de verduras y frutas	1	2	3	4	5
Como proteína magra con cada comida	1	2	3	4	5
Bebo de 8 a 10 vasos de agua cada día	1	2	3	4	5
Escojo grasas sanas	1	2	3	4	5
Como un desayuno sano y nutritivo	1	2	3	4	5
Suma cada columna y escribe tu puntuación total para la Alimentación:					

EJERCICIO COMO ME SIENTO CON:	Muy Insatisfecho	Insatisfecho	Neutral	Satisfecho	Muy Satisfecho
Mi cuerpo (aspecto/peso)	1	2	3	4	5
Mi resistencia cardiovascular	1	2	3	4	5
Mi fuerza	1	2	3	4	5
Mi flexibilidad	1	2	3	4	5
Mi salud física	1	2	3	4	5
Suma cada columna y escribe tu puntuación total para el Ejercicio:					

ENFOQUE	Muy Insatisfecho	Insatisfecho	Neutral	Satisfecho	Muy Satisfecho
Actitud mental positiva	1	2	3	4	5
Logro de metas personales	1	2	3	4	5
Paz mental	1	2	3	4	5
Gratitud y aprecio	1	2	3	4	5
Habilidad para manejar los errores o fracasos	1	2	3	4	5
Suma cada columna y escribe tu puntuación total para el Enfoque:					

AMISTADES	Muy Insatisfecho	Insatisfecho	Neutral	Satisfecho	Muy Satisfecho
Relación con mi pareja	1	2	3	4	5
Relaciones con mi familia	1	2	3	4	5
Relaciones con mis amigos	1	2	3	4	5
Relaciones con otros (compañeros de trabajo o vecinos)	1	2	3	4	5
Mis habilidades de comunicación	1	2	3	4	5
Suma cada columna y escribe tu puntuación total para las Amistades:					

RESULTADOS

¡Felicidades! Ahora que has completado tu evaluación, copia tus puntuaciones en la columna «Mi puntuación», para cada área (Fe, Alimentación, Ejercicio, Enfoque y Amistades) en la tabla que aparece a continuación. Después lee las siguientes páginas, para obtener un mejor entendimiento de lo que significan tus puntuaciones y descubrir en qué áreas necesitas enfocarte más. Asegúrate de entrar en la página web www.elplandaniel.com, para aprender sobre las etapas del cambio y cómo seguir adelante con tu programa.

DÍA 1		DÍA 40	
	MI PUNTUACIÓN		MI PUNTUACIÓN
FE		FE	
ALIMENTACIÓN		ALIMENTACIÓN	
EJERCICIO		EJERCICIO	
AMISTADES		AMISTADES	
ENFOQUE		ENFOQUE	

20-25: ¡Muy Bien! Si tu puntuación estuvo entre 20 y 25 puntos en un Esencial de El plan Daniel, tus respuestas demuestran que eres consciente de la importancia de esa área para tu bienestar personal y has desarrollado los hábitos para una calificación tan alta.

15-20: Si tu puntuación estuvo entre 15 y 20 puntos en uno o más de los Esenciales de El plan Daniel, tus prácticas de salud y bienestar van bien, pero debe haber lugar para mejorar. Identifica las áreas en las que estás insatisfecho y comienza a repasar los consejos y las estrategias de *El plan*

Daniel: 40 Días hacia una Vida Más Saludable, y este grupo de estudio, te ayudará a mejorar tu puntuación la próxima vez que hagas esta evaluación.

10-15: Si tu puntuación estuvo entre 10 y 15 puntos en uno o más de los Esenciales de El plan Daniel, puede que esa sea un área ideal en la que tienes que enfocar tu atención y establecer metas concretas.

Puntuación menor de 10: Si tu puntuación fue menor de 10 puntos, en uno o más de los Esenciales de El plan Daniel, es momento de realizar algunos cambios. Identifica todos los temas donde tu puntuación fue de 1 o 2 y considera mejorar estas áreas.

Para ayudarte a centrar tu enfoque, identifica el Esencial de El Plan Daniel #1 que más te gustaría mejorar o cambiar: (Marca una respuesta)

- ☐ Fe
- ☐ Alimentación
- ☐ Ejercicio
- ☐ Amistades
- ☐ Enfoque

Selecciona la frase que describe mejor tu disposición para hacer un cambio de estilo de vida, en el Esencial seleccionado anteriormente.

- ☐ "No estoy interesado en trabajar en los cambios de esta área en este momento."
- ☐ "Estoy pensando en mejorar esta área de mi vida, en los próximos meses."
- ☐ "Estoy planeando empezar a trabajar en esta área, en los próximos 40 días."
- ☐ "Estoy listo ahora para empezar a trabajar en esta área de mi vida."
- ☐ "He estado trabajando activamente para mejorar mi vida en esta área, durante los últimos seis meses."

EL PLATO DE EL PLAN DANIEL

**El Plan Daniel proporciona una guía fácil
para usar en cada comida:**

- ☐ 50% de verduras no almidonadas
- ☐ 25% de proteína saludable animal o vegetal
- ☐ 25% de almidones saludables o granos enteros
- ☐ Porción de fruta de bajo índice glucémico
- ☐ Bebida: agua o té de hierbas

Aquí tienes unas excelentes opciones para comenzar:

VERDURAS NO ALMIDONADAS	PROTEÍNA	ALMIDÓN O GRANOS	FRUTA DE BAJO ÍNDICE GLUCÉMICO
Espárragos	Frijoles	Remolacha	Manzanas
Pimientos	Ternera	Arroz integral o negro	Moras
Brócoli	Pollo	Zanahorias	Arándanos
Coliflor	Huevos	Trigo sarraceno	Bayas de Goji
Coles	Fletán o platija	Guisantes	Pomelo
Pepino	Lentejas	Maíz	Ciruelas
Judías verdes	Frutos secos	Quinoa	Kiwi
Berza o col rizada	Salmón	Papa dulce	Nectarinas
Espinacas	Semillas	Nabos	Duraznos
Calabacín	Pavo	Calabaza de invierno	Frambuesas

LOS 10 MEJORES CONSEJOS

PARA CONTROLAR TUS ANTOJOS

1. Evita los provocadores: La realidad es que comes lo que se te antoja, así que si tomas decisiones saludables, debilitarás tus viejos antojos. Ciertas situaciones pueden perjudicar tus esfuerzos de perder peso. Por ejemplo, ir al cine, puede encender los centros de la memoria emocional de tu cerebro y hacerte sentir como si necesitaras una taza gigante de palomitas de maíz. Identifica las personas, lugares y cosas que provocan tus antojos y planea de antemano evitar una elección poco saludable. Por ejemplo, llévate un refrigerio saludable al cine y así no serás tentado a comprar palomitas de maíz. ¡Esto también te ahorrará dinero!

2. Balance de azúcar en la sangre: Estudios de investigación indican que los niveles bajos de azúcar en la sangre se asocian con una baja total del flujo sanguíneo al cerebro, lo cual puede poner en peligro tu capacidad para tomar buenas decisiones. Para mantener estable tu azúcar en la sangre, come un desayuno nutritivo con proteínas, como los huevos, un batido de proteínas o mantequillas de frutos secos. Planea comidas más pequeñas, pero más frecuentes durante todo el día. También, procura comer dos o tres horas antes de acostarte.

3. Elimina el azúcar, edulcorantes artificiales y los carbohidratos refinados: Es mejor dejarlos totalmente. Elimina azúcares refinados, refrescos o sodas, jugos procesados y edulcorantes artificiales de tu dieta, ya que estos pueden provocar los antojos. Muchos médicos creen que el azúcar es la principal causa de la obesidad, la hipertensión arterial, enfermedad cardíaca y diabetes. Las últimas estadísticas revelan que el estadounidense promedio, consume 130 libras de azúcar al año.

4. Come carbohidratos LENTOS, no carbohidratos BAJOS: Come carbohidratos que no aumenten tu azúcar en la sangre. Elige carbohidratos ricos en fibra que te mantengan lleno por más tiempo y que te ayuden a reducir tus antojos de azúcar. Puedes aumentar el consumo de fibra consumiendo verduras, frutas, frijoles y granos enteros. La fibra te ayudará a perder peso porque se llena el estómago y te ayuda a moderar tus porciones. Los carbohidratos son esenciales para la buena salud y no son un enemigo. Los malos carbohidratos como azúcares simples y refinados son los que tienes que evitar.

5. Bebe más agua: A veces, el hambre se disfraza. Cuando estás deshidratado, tu cuerpo aumentará su nivel de hambre en un intento por obtener más agua para rehidratarse. Trata de beber un vaso de agua antes de las comidas, lo cual te va a hacer sentir más lleno y así moderar tu consumo de alimentos.

6. Haz de la proteína, el 25 por ciento de tu dieta: La proteína te llena y te mantiene más satisfecho. También regula el azúcar en la sangre que hace que tu cuerpo libere las hormonas de supresión del apetito.

7. Maneja tu estrés: El estrés desencadena las hormonas que activan los antojos. El estrés crónico se ha asociado con la obesidad, adicción, ansiedad, depresión, enfermedad de Alzheimer, enfermedad cardíaca y cáncer. Adopta un programa de manejo del estrés diario, que incluya ejercicios de respiración profunda, la oración y otras técnicas de relajación.

8. Sigue la regla 90/10: Date un respiro. Elige buenos alimentos el 90% del tiempo, y date un margen para disfrutar de tus comidas favoritas de vez en cuando. De esta manera no te sentirás privado de algo y evitarás excesos de comida, de los cuales te puedes arrepentir más tarde.

9. Empieza a Moverte: La investigación muestra que la actividad física puede controlar los antojos. Planea tu ejercicio de la semana y prográmalo en tu calendario. Comprométete contigo mismo como lo haces con cualquier otra reunión o cita importante.

10. Duerme de siete a ocho horas cada noche: La privación de sueño puede aumentar la ansiedad. Mira nuestros consejos para hábitos de sueño saludables en www.danielplan.com.

"Verdaderamente, lo que pones en tu tenedor determina si estás enfermo o sano, obeso o delgado, agotado o enérgico."

– Dr. Mark Hyman

RECURSOS PARA
GRUPOS PEQUEÑOS

REGLAS GENERALES PARA EL GRUPO PEQUEÑO

NUESTROS VALORES

Asistencia al grupo	Priorizar las reuniones del grupo (llamar si no voy asistir o si llegaré tarde).
Ambiente seguro	Crear un ambiente seguro donde la gente pueda ser escuchada y sentirse amada.
Respetar las Diferencias	Ser gentil y amable con la gente que tiene diferente madurez espiritual, opiniones personales, o personalidad. ¡Recuerda que todos estamos en proceso de crecimiento!
Confidencialidad	Mantener estrictamente dentro del grupo todo lo que se dice en el grupo.
Estimular el Crecimiento	Multiplicar espiritualmente nuestra vida, sirviendo a los demás con los dones espirituales que Dios nos ha dado.
Rotar Anfitriones/Líderes y Casas	Animar a diferentes personas para que sean anfitriones en sus casas y rotar las responsabilidades en cada reunión.

Meriendas/hora de comida _____

Cuidado de niños _____

Cuándo nos reuniremos (día de la semana) _____

Dónde nos reuniremos (lugar) _____

A qué hora iniciaremos _____ y terminaremos _____

Haremos nuestro mejor esfuerzo para asistir juntos a un servicio de adoración.

La hora del servicio de adoración al que asistiremos será: _____

PREGUNTAS FRECUENTES

¿Qué hacemos en el grupo durante la primera noche?

Como todas las cosas divertidas de la vida—¡una fiesta!— Una reunión para "conocerse," es una forma excelente de poner en marcha el nuevo estudio. También pueden leer las Reglas Generales para el Grupo Pequeño (que se encuentran en el apéndice) y compartir los nombres de algunos amigos que pueden invitar al grupo. Pero lo más importante es divertirse antes de que comience el estudio.

¿Dónde encontramos nuevos miembros para nuestro grupo?

Te animamos a que ores con tu grupo y después, haz una lista de personas del trabajo, iglesia, tu vecindario, la escuela de tus hijos, familia, gimnasio, etc. Luego, cada miembro del grupo puede invitar a varias personas de la lista. Otra buena estrategia es pedir a los líderes de la iglesia que hagan un anuncio o publiquen un artículo en el boletín de fin de semana.

No importa cómo van a encontrar nuevos miembros, lo importante es que te mantengas abierto a nuevos amigos, para que se unan al grupo. Todos los grupos tienden a pasar por un desgaste—el resultado de cambios, lanzar nuevos líderes, oportunidades en el Ministerio, o si el grupo es demasiado pequeño, podría estar en riesgo de cerrar—. Si tú y tu grupo se mantienen abiertos, te sorprenderás de la gente que Dios te envía al camino. Una nueva persona podría convertirse en un amigo para toda la vida. ¡Nunca se sabe!

¿Cuánto tiempo se reunirá este grupo?

Una vez que llegas al final de este estudio de seis semanas, te recomendamos que continúes reuniéndote y que continúes comprometido con tu viaje en El Plan Daniel. Puedes obtener más recursos en www.danielplan.com.

¿Qué pasa si este grupo no está funcionando para nosotros?

Esto no es raro. Esto podría ser el resultado de un conflicto de personalidad, diferencia en fases de la vida, distancia geográfica, nivel de madurez espiritual o cualquier otra cantidad de cosas. Relájate. Ora por la dirección de Dios y al final de este estudio de seis semanas, evalúa si continúas con éste grupo o buscas otro. Tú no compras el primer auto que ves ni te casas con la primera persona con la que sales, lo mismo pasa con un grupo. No renuncies antes de seis semanas— ¡Dios puede tener algo para enseñarte!

¿Quién es el líder?

La mayoría de los grupos tiene un líder oficial. Pero sin duda el grupo madurará, si los miembros se rotan el liderazgo en las reuniones; hemos descubierto que grupos saludables rotan a los líderes, anfitriones y casas de reunión. Este modelo asegura que todos los miembros crecen, dan su contribución única y desarrollan sus dones. Esta guía de estudio y el Espíritu Santo pueden mantener las cosas en su lugar, aun cuando los líderes se estén rotando. Cristo ha prometido que estará en medio de ustedes cuando se reúnan. Dios es siempre tu líder en cada paso del camino.

¿Cómo manejamos las necesidades de cuidado infantil en nuestro grupo?

Puesto que esto puede ser un tema sensible, maneja esto con mucho cuidado. Sugerimos que le permitas al grupo pensar abiertamente en soluciones. Puedes probar con una opción que funcione por un tiempo y luego la ajustan. Nuestro enfoque favorito es que los adultos se reúnan en la sala o comedor y compartan el costo de una o dos niñeras que puedan estar con los niños en una parte diferente de la misma casa. De esta manera, los padres no tienen que estar lejos de sus hijos, especialmente cuando sus hijos son demasiado pequeños.

Una segunda opción es usar una casa cercana para que los niños estén cerca de los adultos. Una tercera idea es rotar la responsabilidad, de dar una enseñanza bíblica a los niños, en la misma casa o en otra casa cercana; esto puede ser una bendición increíble para los niños. Finalmente, la idea más común es que necesitas tener una noche para invertir en tu vida espiritual de manera individual o como pareja y hacer tus propios arreglos para el cuidado de los niños. No importa cuál sea la decisión que el grupo tome, lo mejor es dialogar abiertamente acerca de esto.

PLAN DE LECTURAS

SEMANA 1
Capítulo 1: Cómo Comenzó Todo
Capítulo 2: Los Esenciales
Capítulo 3: Fe

SEMANA 2
Capítulo 4: Alimentación
Capítulo 10: Planes de Comidas
para 40 días

SEMANA 3
Capítulo 5: Ejercicio
Capítulo 9: Daniel el Fuerte:
Reto de Ejercicios para 40 Días

SEMANA 4
Capítulo 6: Enfoque

SEMANA 5
Capítulo 7: Amistades

SEMANA 6
Capítulo 8: Viviendo el Estilo de Vida

FE + ALIMENTACIÓN + EJERCICIO + ENFOQUE + AMISTADES

EL
PLAN
+DANIEL

40 DÍAS *hacia una*
VIDA MÁS SALUDABLE

RICK WARREN, D. MIN.
DANIEL AMEN, M. D.
MARK HYMAN, M. D.

Editorial Vida

DIRECTORIO DEL GRUPO

NOMBRE	DIRECCIÓN	TELÉFONO	CORREO ELECTRÓNICO	OTRO

LIDERAZGO 101

¡FELICIDADES! Al aceptar tomar el rol de anfitrión en un grupo pequeño, has respondido al llamado de ayudar a pastorear el rebaño de Jesús. Pocas son las tareas que pueden superar en importancia a esta dentro de la familia de Dios. Por eso, al prepararte para recibir a tu grupo, ya sea por una sola reunión o por la serie completa queremos darte algunas sugerencias útiles. Te recomendamos que leas y revises esta información con cada nuevo líder antes que él o ella inicien el liderazgo.

1. Recuerda que no estás solo. Dios te conoce profundamente, y sabía que aceptarías el rol de anfitrión de tu grupo. Recuerda que es común para todos los buenos líderes, sentir que no están listos para liderar. Moisés, Salomón, Jeremías, y Timoteo—todos ellos se mostraron reacios a liderar—. Dios te promete, *"Nunca te dejaré; jamás te abandonaré"* (Hebreos 13:5 NVI). Serás bendecido al servir a otros, ya sea que lo hagas por una vez, por varias semanas o por el resto de tu vida, serás bendecido cuando sirves.

2. No intentes hacerlo tú solo. Ora para que Dios te ayude a formar un equipo. Si compartes el rol de anfitrión con otra persona, tu experiencia se enriquecerá. Un grupo saludable consiste de muchas personas comprometidas que trabajan unidas. Lo único que tienes que hacer es pedirles a otros que te ayuden. La respuesta de la gente te sorprenderá.

3. Sé tú mismo. ¿Si no eres tú, quién lo hará? Dios quiere usar tus dones únicos y tu temperamento. Saluda con una sonrisa a los que llegan; esto puede determinar el ambiente del resto de la reunión; recuerda que los participantes han dado un gran paso al decidir ir a tu casa; no imites todo lo que hacen otros anfitriones; haz las cosas conforme a tu personalidad. Si no sabes la respuesta a una pregunta, admítelo. Discúlpate cuando cometas un error. Tu grupo te respetará por eso y tú dormirás mejor esa noche.

4. Prepara todo de antemano para la reunión. Antes de cada reunión repasa la sesión y escribe las respuestas a cada pregunta. Presta especial atención, cuando tienes que pedir a los miembros del grupo que hagan algún ejercicio, para hacer que ellos participen en la discusión. Estos ejercicios ayudarán a vivir las enseñanzas bíblicas, no sólo hablar de ellas. Asegúrate de entender como el ejercicio funciona, y traer cualquier material que se necesite para tu reunión (como papel y lápiz). Si el ejercicio emplea uno de los recursos del Apéndice, asegúrate de revisarlo antes para que sepas como funciona.

5. Ora por los miembros de tu grupo, mencionándolos por el nombre. Antes de comenzar la sesión, ve alrededor del salón y en tu mente ora por cada persona por su nombre. Revisa la lista de peticiones de oración por lo menos una vez a la semana. Pídele a Dios que use el tiempo de reunión para tocar el corazón de cada uno. Espera y deja que Dios te guíe hacia cualquier persona que necesite una palabra de aliento o exhortación, de manera especial.

6. Cuando hagas preguntas, sé paciente. Eventualmente, alguien responderá. A veces, la gente necesita un momento de silencio para pensar la respuesta. Si el silencio no te molesta a ti, tampoco molestará a los demás. Después que alguien responda, agradece la respuesta con un simple "gracias" o "buena respuesta". Luego, añade: "¿Alguien más quisiera responder?" o "¿Hay alguien que aún no haya participado que desee responder? Presta atención a las personas nuevas o renuentes a participar. Si creas una atmósfera íntima, cordial y segura, en algún momento participarán.

7. Haz una transición después de cada pregunta. Pregunta si a alguno le gustaría leer un pasaje de la Biblia. No designes a ninguno, pide voluntarios y espera con paciencia que alguno empiece. Recuerda agradecer a la persona que leyó en voz alta.

8. Ocasionalmente, forma subgrupos. Si tu grupo tiene más de siete personas, te recomendamos que se reúnan en grupos más pequeños de tres o cuatro personas, especialmente en la parte de la sesión de este estudio llamada CRECIENDO JUNTOS. Con la oportunidad de hablar en pequeños círculos, las personas se conectarán mejor con el estudio, aplicarán más rápido lo que están aprendiendo y a la final sacarán mejor provecho del estudio. Un subgrupo también animará a una persona callada para que participe y tiende a minimizar los efectos de algún miembro que hable mucho más o que siempre domine. También puede ayudar para que las personas se sientan más amadas en el grupo. Cuando se reúnen de nuevo al final de la sesión, una persona del subgrupo puede resumir lo más importante de cada subgrupo.

Pueden formar círculos pequeños durante el tiempo de oración.
Aquellos que no están acostumbrados o tienen vergüenza de orar en público, en grupos de dos o tres personas tienen la oportunidad de hacerlo. Además, las peticiones de oración no llevan tanto tiempo, dando más tiempo para orar. Cuando todos los subgrupos se reúnen, habrá una persona designada para informar brevemente sobre los motivos de oración.

9. De vez en cuando, haz rotación de moderadores. Al final de cada reunión, pregunta al grupo quién podría liderar la siguiente semana; permite que el grupo seleccione semanalmente un moderador; aunque seas perfectamente capaz de liderar todas las reuniones, si le das la oportunidad de liderar a otros, los ayudarás a crecer y a desarrollar sus dones.

10. Un desafío final (para anfitriones nuevos): Antes de la primera reunión, busca y lee cada uno de los pasajes que aparecen más abajo. Será un ejercicio de devoción personal que te ayudará a formar un corazón de pastor. Te lo aseguramos. Si lo haces, estarás bien preparado para tu primera reunión.

Mateo 9:36

1 Pedro 5:2–4

Salmos 23

Ezequiel 34:11–16

1 Tesalonicenses 2:7–8, 11–12

COLABORADORES

El Pastor Rick Warren fundó la Iglesia de Saddleback en 1980 y ahora más de 120.000 personas llaman a Saddleback su casa de adoración. El Pastor Rick es un autor reconocido internacionalmente. Su libro, *Una Vida con Propósito*, ha vendido más de treinta millones de copias en inglés y ha sido publicado en más de 100 idiomas.

El Dr. Mark Hyman ha dedicado su carrera a identificar y abordar las causas de enfermedades crónicas, mediante un enfoque innovador y global conocido como Medicina Funcional. Él es un Médico familiar, cuatro veces autor de libros con mayores ventas del *New York Times*, y un líder reconocido internacionalmente en su campo.

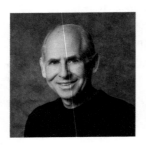

El Dr. Daniel Amen es médico, neurólogo y Miembro Distinguido de la Asociación de Psiquiatría Americana, y ocho veces autor de libros con mayores ventas del *New York Times*. El amplio enfoque de la investigación y la innovación del Dr. Amen para optimizar el cerebro, ha ayudado a millones de personas en todo el mundo.

Dee Eastman, B.S. en Ciencias de la Salud es directora y fundadora de El Plan Daniel, que ayudó a más de 15.000 personas a perder 260.000 libras en el primer año. El historial de Dee en el ministerio y en el campo del bienestar ha despertado su pasión por ayudar a las personas a transformar su salud mientras se acercan a Dios. Es coautora de un currículo de estudio de la Biblia que ha vendido más de 3 millones de copias.

Sean Foy, B.S. en Fisiología del Ejercicio, M.A. en Terapia Matrimonial y Familiar es un autor internacionalmente reconocido en acondicionamiento físico, control de peso y estilo de vida saludable. Se ha pasado los últimos 20 años descifrando el código para facilitar el trabajo de acondicionamiento físico. Como autor, fisiólogo del ejercicio y orador, Sean ha ganado la reputación de "El Experto en Rápido Acondicionamiento Físico de los Estados Unidos."

Jimmy Peña, B.S. Fisiología del Acondicionamiento Físico Clínico es autor, fisiólogo del ejercicio y fundador de Pray Fit. Ha sido el fisiólogo de acondicionamiento físico de Tyler Perry, Mario López y LL Cool J, y fue coautor del libro más vendido del New York Times, *Extra Lean* por Mario López. Jimmy ha sido miembro de la Junta de Asesores de El Plan Daniel desde hace mucho tiempo.

Steve Willis, Ed. D, Ph.D. es un autor y pastor líder de la Primera Iglesia Bautista de Kenova, West Virginia. Su pasión por la salud, lo llevó a ayudar a la gente de Huntington, West Virginia a recuperarse de ser la comunidad más obesa en el país. Steve es mejor conocido por haber ganado el Emmy ABC por su papel en la mini serie *Revolución de los alimentos de Jaime Oliver*.

April O'Neil, B.A. Liderazgo Organizacional es escritora y entrenadora de salud holística. Su experiencia en liderazgo corporativo, combinado con su pasión por ayudar a la gente, se ha convertido en la piedra angular de sus contribuciones. Como especialista en comunicaciones para El Plan Daniel, supervisa una serie de iniciativas estratégicas, incluyendo el blog semanal, sitio web y redes de medios de comunicación social.

RECONOCIMIENTOS

De Dee Eastman, Directora de El Plan Daniel

Estamos muy agradecidos con los Pastores Steve Willis, Keri Wyatt Kent y Allen White, por la creatividad puesta en este estudio. Gracias por invertir su tiempo en este recurso para nuestra comunidad de El Plan Daniel y por traer su pasión de una vida saludable, al desarrollo y diseño total de esta guía con video.

April O'Neil, tu contribución en la supervisión de todo el desarrollo de este proyecto fue claramente impulsado por tu pasión por El Plan Daniel y tu deseo que la gente comenzara a sanar. Tu corazón entregado para la transformación de la vida y conocimiento práctico de los elementos esenciales, ayudó a definir la experiencia para el lector.

Con profunda gratitud, queremos agradecer a Kathrine Lee y a Brian Williams por ofrecer su valiosa información al programa y poner en relieve los principios más potentes para este estudio. La sabiduría de entrenamiento de vida que ustedes impartieron, fue una guía para un mejor progreso de los pasos siguientes entre una semana y otra.

A los Chefs de El Plan Daniel, Jenny Ross y Sally Cameron, de nuevo gracias por enseñarnos a cocinar alimentos ¡que nos hacen amarnos nuevamente! Sus planes de comidas, demostraciones de comidas y recetas deliciosas, son un complemento asombroso al programa, que inspiran a la gente a volver a la cocina.

Nuestra comunidad de expertos en acondicionamiento físico e instructores, han impregnado su pasión en el Esencial del Ejercicio, alentando a la gente a dar un paso en la dirección correcta. Gracias por su corazón, por servir y ayudar a la gente a moverse hacia una mejor salud.

A todos los que contaron su historia—aplaudimos su valentía por compartir sus altibajos—. Su historia será una bendición para otros y les animará a inscribirse en El Plan Daniel y empezar su propio viaje.

El impacto creativo de nuestro equipo de video trajo El Plan Daniel a la vida en la pantalla. Estamos muy agradecidos con el liderazgo y la colaboración de los equipos de producción dirigidos por Josh Hailey y Frank Baker. La historia visual que crearon ofrece un camino de compromiso para aprender y seguir El Plan Daniel.

Buddy Owens—el agradecimiento no es suficiente por todo lo que has dado a este proyecto—; tus contribuciones son importantes y es una delicia trabajar contigo.

Para John Raymond y todo el equipo de Zondervan—gracias por creer que este estudio tiene el potencial de cambiar vidas—. Apreciamos su dirección y apoyo a través del proceso.

Es nuestra oración que tú y tu grupo pequeño sean profundamente bendecidos haciendo este estudio juntos. Dios te ilumine con Su luz y te dé la inspiración y motivación en tu vida cotidiana.

RESPUESTAS CLAVE

Sesión 1–Fe

Del Pastor Rick

1. destruido
2. caminar, aceptación, Espíritu de Dios, fe, bien, éxito, amor

De Jimmy Peña

3. fe
4. perfeccionar
5. servicio

Sesión 2–Alimentación

Del Pastor Rick

1. sobrepeso
2. cuerpo
3. administrador

Del Dr. Hyman

4. energía, instrucciones
5. etiquetas
6. cerebro, proteína, regulares, líquidas, azúcar
7. calidad

Sesión 3–Ejercicio

Del Pastor Rick

1. purificar, santificar
2. físicamente
3. protejamos
4. motivación
5. adoración, mayordomía

De Sean Foy

6. hacer
7. emoción

Sesión 4–Enfoque

Del Pastor Rick

1. plan
2. distracciones
3. decisión
4. fecha límite

Del Dr. Amen

5. comportamiento
6. cierto
7. sientes

Sesión 5–Amistades

Del Pastor Rick

1. crecer
2. Dios, prójimo
3. escucharnos, aprender, sincerarnos, sobrellevarnos

Del Pastor Steve

4. moral
5. lleno-gracia
6. están-haciendo

Sesión 6–Viviendo el Estilo de Vida

Del Pastor Rick

1. distracciones
2. razón, recompensa
3. renovarnos
4. resistirnos
5. confiar

De Jimmy Peña

6. abundancia
7. paso
8. proceso

EXENCIÓN DE RESPONSABILIDAD

El plan Daniel ofrece información sobre salud, ejercicio y nutrición, y tiene solo fines educativos. Este libro está pensado para complementar, no para reemplazar el consejo médico profesional o los diagnósticos y tratamientos de enfermedades indicadas, por un profesional experimentado en salud.

Por favor, consulta con tu médico u otro profesional de la salud antes de comenzar o cambiar cualquier programa de salud o actividad física, con el fin de asegurarte que es el apropiado para tus necesidades, especialmente en caso de embarazo o si tienes algún historial familiar, que comprenda problemas médicos, enfermedades o factores de riesgo.

Si tienes alguna preocupación o pregunta acerca de tu salud, siempre deberías consultar con un médico u otro profesional de la salud. Deja de hacer ejercicio de inmediato, si experimentas síntomas de desmayos, mareos, dolor o dificultad respiratoria en algún momento. Por favor, no ignores, evites o retrases obtener consejo médico o de un profesional de la salud, con relación a lo leído en esta guía.

El Plan Daniel
40 Días hacia una vida más saludable

Rick Warren D. Min, Daniel Amen M.D., Mark Hyman M.D.

El Plan Daniel: 40 Días hacia una vida más saludable, por Rick Warren, el Dr. Daniel Amen y el Dr. Mark Hyman, es un enfoque innovador para lograr un estilo de vida sano en el que las personas mejoren optimizando su salud en las áreas de la Fe, Alimentación, Ejercicio, Enfoque y Amistades. Dentro de estos cinco Esenciales claves de la vida, se ofrece a los lectores multitud de recursos y el fundamento para llegar a estar saludable.

En conclusión, El Plan Daniel se trata de abundancia, no de privación, y por eso el plan es a la vez transformador y sostenible.

El Plan Daniel Diario Personal
40 Días hacia una vida más saludable

Rick Warren y el Equipo del Plan Daniel

El Plan Daniel Diario Personal, es una herramienta práctica y vivencial llena de aliento diario de parte de Rick Warren y el equipo de El Plan Daniel. También se incluyen citas inspiradoras de la Escritura.

El diario personal fue pensado para que los usuarios puedan anotar hitos relacionados con los Esenciales de El Plan Daniel: Fe, Alimentación, Ejercicio, Enfoque y Amistades, Este es un elemento importante para quienes quieran maximizar su potencial, para experimentar un estilo de vida sano en general.

¡Disponible en tiendas y en línea!

www.editorialvida.com